AF540586

आंबेडकर

चित्रमय जीवनी

आंबेडकर
चित्रमय जीवनी

राजेंद्र पटोरिया

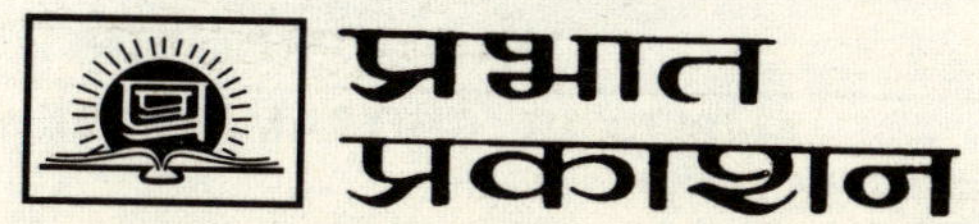

प्रकाशक • **प्रभात प्रकाशन प्रा. लि.**
4/19 आसफ अली रोड,
नई दिल्ली-110002
सर्वाधिकार • सुरक्षित
संस्करण • 2023
मूल्य • छह सौ रुपए
मुद्रक • नरुला प्रिंटर्स, दिल्ली

AMBEDKAR : CHITRAMAYA JEEVANI
by Shri Rajendra Patoria ₹ 600.00
Published by Prabhat Prakashan Pvt. Ltd., 4/19 Asaf Ali Road, New Delhi-2
e-mail: prabhatbooks@gmail.com ISBN 978-93-5266-013-1

जलती मशाल थामे रहा

अपने हाथ झुलसाकर भी
जलती मशाल थामे रहा
वह
एक सूरज के उगने की
आशा में।
घनीभूत अँधेरे में
प्रतिकूल पवन के झोंकों में
प्राणपण से
रक्षा करता रहा
प्रज्वलित मशाल की
वह
आगामी प्रभात की
प्रतीक्षा में।
कालचक्र के रथ की धुरी को
सबल कंधों पर
स्थापित करने के लिए
दिग्भ्रमित सारथि को
दिशाबोध कराने के लिए
मानवता को गंतव्य बताने के लिए
अपने हाथ झुलसाकर भी
जलती मशाल थामे रहा
वह
एक सूरज के उगने की
आशा में।

जो मैं समझा

संघर्ष व्यक्तित्व की कसौटी है। उस कसौटी पर खरा उतरनेवाला व्यक्तित्व यदि नैतिकता से पूरी तरह जुड़ा हुआ हो तो उसकी कभी पराजय नहीं होती। यदि पराजय होती भी है तो वह क्षणिक ही रहती है। डॉ. आंबेडकर के जीवन की हर पाँखें कसौटी के कर्कश पत्थर से गुजरी हैं और वे खरी उतरती रही हैं। संघर्ष ही उनके जीवन का पर्याय बन चुका था और उस पर्याय में वे कभी टूटे नहीं, उन्होंने घुटने टेके नहीं, दुर्भेद्य पहाड़ जैसे अडिग रहे तीव्र झंझावातों के बावजूद। इसीलिए वे अपने अभियान में सफल रहे, लक्ष्य ने उनके कदम चूमे और सही दलितोद्धारक बने। ठीक ही है—

जो धार नहीं रुकती है चट्टानों से भी,
सागर केवल उसका अभिनंदन करता है।

डॉ. आंबेडकर की जीवनी को जितनी बार पढ़ो, उतनी ही बार उसमें से नई ज्योति मिलती है। वे व्यवहार-जगत् के अध्येता थे, कुशल सुधारक थे और ऐसे राजनीतिक पथ के प्रणेता थे, जिसे न कभी उपेक्षित किया जा सका और न ही कभी उपेक्षित किया जा सकेगा। उनकी तूफान-भरी हलचलों से वे आज भी जिंदा हैं और कल भी जिंदा रहेंगे। कराल-काल का फरसा उनके सिर पर कभी नहीं गिरेगा। 'जिंदों में अगर जीना है तुझे, तूफान की हलचल रहने दो' उनका महाव्रत था और इसी महाव्रत के परिपालन में बाबा साहेब सारी जिंदगी जुटे रहे, निरतिचारपूर्वक उसका पालन करते रहे।

निपट स्वार्थ और अंधी कृतघ्नता जीवन के सबसे बड़े शत्रु होते हैं। ऐसे स्वार्थी और कृतघ्न व्यक्ति जीवन में कुछ हासिल अवश्य कर लेते हैं, पर उनका शाश्वत मूल्य नहीं रहता। बाबा साहेब के जीवन में इन शत्रुओं ने सेंध नहीं लगा पाई। उनका जीवन-प्रासाद इन जबरदस्त शत्रुओं से कभी अपवित्र नहीं हो पाया। उनकी राष्ट्रीयता पर किसी को अँगुली उठाने का साहस नहीं हो सका। बाबा साहेब सही अर्थ में राष्ट्रपुरुष थे, राष्ट्रनेता थे। उन्हें महाराष्ट्र से सीमित कर देना हमारी कृतघ्नता ही होगी।

डॉ. आंबेडकर का जीवन प्रतिक्रिया से भरा रहा है, आवेगों से सना रहा है। अंतर यह है कि उनकी प्रतिक्रिया और आवेग स्वार्थ के लिए नहीं, बल्कि उस दलित समाज के उद्धार के लिए थे, जिसपर सदियों से आघात होता रहा है। यदि बाबा साहेब क्रिया का जीवन बिताते तो वे समाज और राष्ट्र के लिए वह सब कुछ नहीं कर पाते जो उन्होंने कर दिया है।

बाबा साहेब के जीवन में अनेक उतार-चढ़ाव आए, आँधियाँ आईं, तूफान आए; पर वे कभी विचलित नहीं हुए। बादल घिरते हैं, बरसते हैं, नष्ट होते हैं; पर आकाश वैसा-का-वैसा ही बना रहता है। कठोर झंझावातों में यदि कभी उनकी गतिविधियाँ कुछ समय के लिए रुकीं भी तो वह रुकाव उनके लिए गति ही प्रदान करता रहा है। हवाई जहाज उड़ने के पहले रन-वे पर दौड़ता है और एक जगह रुक जाता है थोड़े से

समय के लिए। उसके बाद वह तेज गति पकड़ता है। बाबा साहेब की गतिविधियों में जब भी कभी विश्राम का अवसर आया, वह एक तेज गति के साथ उठता है और पूरी रफ्तार के साथ अपना काम करता दिखाई देता है।

साधारणतः लोग कीचड़ से कमल का मूल्यांकन करते हैं; जो सही नहीं हो पाता। यदि कमल से कीचड़ की ओर देखा जाए तो बहुत-सी परेशानियाँ, समस्याएँ और असावधानियाँ दूर हो जाएँ। डॉ. आंबेडकर के माध्यम से यदि दलित समाज को समझा जाए तो उसकी समस्याओं को सही परिप्रेक्ष्य में देखा और सुलझाया जा सकता है। वीणा में उठे संगीत से वीणा का मूल्यांकन किया जाए तो अधिक सार्थक होता है।

कहा जाता है, दीपकराग से ज्योति जल उठती है, बुझे हुए दीपकों में प्रकाश आ जाता है। बाबा साहेब की सारी जिंदगी दीपकराग से, लगता है, भरी रही है। उनके गहन अध्ययन और चिंतन से जो विशाल साहित्य सृजन हुआ है, वह हमारी राष्ट्रीय संपत्ति है। उससे न जाने कितने बुझे दीपकों को नया प्रकाश मिला है, चिंतन मिला है, और मिला है ऐसा अध्यात्मनिष्ठ तथागत बुद्ध का स्वच्छ महापथ, जिसपर चलकर हमारा दलित समाज नई रोशनी पा सकता है और स्वयं को पहचानने का मार्ग खोज सकता है।

हमने अपनी पुस्तक 'डॉ. आंबेडकर और बौद्ध धर्म' में इस संबंध में जो लिखा था उसे यहाँ दोहराना अप्रासंगिक नहीं होगा। हमने लिखा था—"डॉ. बाबा साहेब आंबेडकर ऐसे ही स्वयंभू महापुरुष थे, जिन्होंने दलितों के उद्धार करने में अपनी सारी जिंदगी की आहुति कर दी। उन्होंने प्राचीन दकियानूसी तथाकथित सामाजिक और धार्मिक परंपराओं के विरोध में तीखा संघर्ष किया और किया समुद्रमंथन; जिससे उत्पीड़ित और समस्त जनता के लिए महासुखदायी अमृत हाथ लगा, उसकी मानसिकता बदली और जीवन को एक नया पाथेय मिला।"

डॉ. आंबेडकर की हर गति में मंजिल का आवास रहा है। बिना मंजिल के उनकी कोई गति नहीं रहती थी। मंजिल पाए बिना उनकी गति कभी रुकी भी नहीं। उसे कोई रोक भी नहीं पाया। इसलिए उनका सिद्धांत था—

जिंदगी है फक्त गर्मि-ए-रफ्तार का नाम।
मंजिलें साथ लिये राह पे चलते रहना॥

डॉ. आंबेडकर मंजिलें साथ लेकर ही चलते रहे अदम्य साहस के साथ। उनका त्याग और बलिदान व्यर्थ नहीं गया। हाँ, आज का नेता वर्ग उनके नाम को एनकैश कर रहा है, बिना कुछ विसर्जन किए। यह भी एक व्यापार-सा हो गया है बाबा साहेब के नाम पर।

व्यक्ति का चित्र और उसका आभामंडल उसके व्यक्तित्व की अनूठी कहानी कह उठता है। भाई राजेंद्र पटोरिया ने बाबा साहेब की इस अनूठी कहानी को उनके चित्रों के माध्यम से प्रस्तुत करने का जो सफल प्रयास किया है, वह अभिनंदनीय है। खनन भारती के यशस्वी संपादन में उनकी प्रतिभा और उनका श्रम झलकता ही है। आशा है, सुधी पाठक को उनकी यह प्रस्तुति खूब भाएगी।

—प्रोफेसर (डॉ.) भागचंद्र जैन भास्कर
(अध्यक्ष, पालि-प्राकृत विभाग)
नागपुर विश्वविद्यालय, नागपुर

कस्तूरबा वाचनालय के पास,
तुकाराम चाल, सदर,
नागपुर-440001

बाबा साहब आंबेडकर : जीवन-दर्शन

आरंभिक परिस्थितियाँ

महाराष्ट्र में अस्पृश्यता के विरुद्ध प्रत्यक्ष व ठोस कार्य का आरंभ महात्मा ज्योतिबा फुले ने किया। इस कार्य के लिए उन्हें समाज के विरोध की आँधी को सहना पड़ा। अछूतों के लिए एक स्कूल खोलकर उन्होंने विद्रोह का आरंभ किया। इसके लिए पग-पग पर प्रताड़ना पाकर भी उन्होंने अपनी पत्नी सावित्रीबाई फुले को शिक्षिका के रूप में तैयार किया। उनकी प्रेरणा से गोपाल बाबा वलंगकर अछूत-प्रथा के विरुद्ध लेखन व भाषण करनेवाले नेता के रूप में सामने आए।

डॉ. आंबेडकर के पिता रामजी सकपाल भी ज्योतिबा फुले से प्रभावित व अस्पृश्यों की दुर्दशा से चिंतित थे। रामजी परिश्रमी, कर्तव्यपरायण व उत्तम खिलाड़ी थे। वे सैनिक स्कूल में शिक्षक व मुख्याध्यापक की नौकरी करते-करते अंततः सूबेदार-मेजर के पद पर पहुँचे। उनकी तेरह संतानों में से चार लड़कियों का विवाह हो चुका था। ज्येष्ठ पुत्र बालाराम ने क्रमशः सेना व पुलिस में बैंड मास्टर की नौकरी की। उस समय तक रामजी सकपाल की पत्नी भीमाबाई अस्वस्थ रहने लगी थीं।

भीमाबाई एक संपन्न घराने की पुत्री थीं। उनके घर में पिता-चाचा आदि सभी सूबेदार-मेजर वगैरह थे। वे सुंदर व स्वाभिमानी थीं।

जिस समय आंबेडकर का जन्म हुआ, उनके पिता इंदौर के पास स्थित महू छावनी में सेवारत थे। आंबेडकर के जन्म के पूर्व उनके पिता के समक्ष साधु बने उनके चचेरे भाई ने एक तेजस्वी व कुलभूषण पुत्र-प्राप्ति की भविष्यवाणी की थी। उनके पिता महात्मा ज्योतिबा फुले व न्यायमूर्ति रानाडे से अत्यधिक प्रभावित थे, अतः वे एक ऐसे पुत्र की कामना करने लगे जो उनके समाज को अस्पृश्यता के कीचड़ से बाहर निकाल सके।

14 अप्रैल, 1891 को महू में आंबेडकर का जन्म रामजी सकपाल की चौदहवीं संतान के रूप में हुआ। वे दो-ढाई वर्ष के थे, तभी उनके पिता सूबेदार रामजी सेवानिवृत्त हो गए। सेवानिवृत्ति के बाद वे दापोली आए और अपने दो पुत्रों—आनंदराव व भीमराव को वहाँ के मराठी स्कूल में भरती कर दिया। उस समय दापोली सेवानिवृत्त महारों के निवास का केंद्र था। ये लोग कबीरपंथ, रामानंद पंथ या नाथपंथ में दीक्षित थे। रामजी का घराना भी नाथपंथ का अनुयायी था। वे अत्यंत धार्मिक वृत्ति के थे। धर्मचर्चा व शास्त्रार्थ में उनका समय व्यतीत होता था।

पेंशन से गुजारा नहीं होता था, अतः रामजी ने सातारा के सार्वजनिक कार्य विभाग में स्टोरकीपर की

नौकरी स्वीकार की, और सब लोग सातारा पहुँच गए। आनंदराव और भीमराव की शिक्षा सैनिकों के स्कूल में आरंभ हो गई। यहाँ रामजी ने कबीरपंथ की दीक्षा ग्रहण की और शाकाहारी बन गए।

भीमराव जब केवल पाँच वर्ष के थे, उनकी माता का देहांत हो गया। दोनों बच्चों की देखरेख का जिम्मा अब उनकी बूआ मीराबाई पर आ पड़ा। वे अपने छोटे भाई के पास ही रहती थीं। भीमराव अपने पिता और अपनी बूआ दोनों के ही बहुत लाडले थे। सुबह और रात्रि दोनों समय रामजी अभंग, स्तोत्र व भजन गाते थे। बच्चों को भी साथ में गाना होता था। डॉ. आंबेडकर कहते थे कि उनकी बहनों की आवाज बहुत मधुर थी। भजन आदि गायन के समय सारा वातावरण गंभीर, पवित्र व उदात्त हो जाता था, जिसे देखकर उन्हें भी लगने लगा कि धर्म और धार्मिक शिक्षण मानव जीवन के लिए अत्यंत आवश्यक है। इस प्रकार भीमराव को बचपन से ही एक सुसंस्कृत वातावरण मिला था।

भीम के बाल मन पर मातृ-वियोग से अधिक विमाता की उपस्थिति का दु:खद असर पड़ा। विमाता को अपनी माता के गहने-कपड़े पहने देखकर वे अत्यंत दुखी हो जाते थे। उनका बाल मन अपनी माता की मूर्ति के स्थान पर किसी अन्य को प्रतिष्ठित करने के लिए तैयार नहीं था। एक बार विमाता को माता के गहने-कपड़े पहने देखकर उनकी बूआ और सभी भाई-बहन रोने लगे, जिससे क्षुब्ध होकर उनके पिता ने बुरा-भला कह दिया। बस, भीमराव ने स्वतंत्र जीवन व्यतीत करने का निर्णय ले लिया। अब वे किसी के ढोर चराने व खेतों में काम करने लगे। एक बार उन्होंने सातारा के स्टेशन पर हमाली भी की। वे सुनते रहते थे कि सातारा के लड़के मुंबई जाकर कारखानों व मिलों में काम करते हैं। उन्होंने भी मुंबई जाने का विचार किया। इसके लिए बूआ की चोरी भी की, पर उसमें केवल आधा आना मिला। तब उन्हें अपने दुष्कृत्य पर पश्चात्ताप भी हुआ और उन्होंने मन-ही-मन पढ़कर बड़ा बनने का संकल्प किया।

अपनी अस्पृश्यता का बोध तो उन्हें बचपन में ही हो गया था। बाजार में दुकानदार माँ को सामान दूर से ही दिखाते थे। स्कूल में भी उन्हें इसका अनुभव पग-पग पर हुआ। उनके स्वयं के लेखन के अनुसार, 'मेरा जन्म महू में हुआ। उस समय हम छावनी में थे, अत: बाहर के जगत् से मेरा कोई परिचय नहीं था। परंतु सातारा आने पर हमें अस्पृश्यता का बोध हुआ। सातारा जिले के गोरेगाँव में अकाल पड़ा। अत: सरकार की ओर से एक तालाब बनाने का कार्य शुरू हुआ। मेरे पिता की नियुक्ति तालाब के मजदूरों को वेतन बाँटने के काम पर हुई। हम चारों भाई-बहन सातारा में थे, पिता गोरेगाँव में। लगभग चार-पाँच साल हम केवल भात खाकर रहे। मेरी बड़ी बहन हम लोगों की हजामत करती थी। सातारा में इतने नाई होकर वे हमारी हजामत क्यों नहीं बनाते थे, यह बात मुझे पहली बार मालूम हुई। इसी समय हमारे पिताजी ने हमें गोरेगाँव बुलाया। पिताजी के द्वारा भेजे गए रुपयों से हमने कपड़े सिलवाए और पहली बार रेलगाड़ी में बैठकर यात्रा की। हमारा विचार था कि पिताजी किसी को लेने भेजेंगे, परंतु पिताजी को नौकरों की लापरवाही से पत्र नहीं मिला। स्टेशन से सभी यात्री चले गए, केवल हम बच्चे रह गए। स्टेशन मास्टर ने हमें अच्छे घर का समझकर पूछताछ की। हमारे महार कहते ही वह बिदक गया, फिर भी हमें गाड़ी कर देने के लिए राजी हो गया, पर शाम छ:-सात बजे तक कोई गाड़ीवान हमें ले जाने को तैयार नहीं हुआ। मुश्किल से एक गाड़ीवान इस शर्त पर तैयार हुआ कि गाड़ी हम खुद चलाएँगे। रास्ते में पीने के पानी के अभाव में और भय के कारण हम अर्द्धमूर्च्छित अवस्था में दूसरे दिन दोपहर गोरेगाँव पहुँचे।'

स्कूल में आंबेडकर को विरल रूप में ही सही, स्नेह भी मिला। पेंडसे नामक अध्यापक उन्हें अपार स्नेह करते थे। दूसरे अन्य आंबेडकर नामक ब्राह्मण शिक्षक ने उनके 'अंबावडेकर' उपनाम को आंबेडकर नाम देकर अपना वात्सल्य प्रदान किया। पर इन्हीं शिक्षकों की अंध परंपरा भक्ति के कारण आनंदराव व भीमराव दोनों भाई संस्कृत नहीं पढ़ सके, इन्हें पर्शियन पढ़नी पड़ी। डॉ. आंबेडकर की अंग्रेजी को परिमार्जित करने का श्रेय उनके पिता को है। उन्होंने गणित विषय में भी डॉ. आंबेडकर के साथ खूब मेहनत की थी।

रामजी सूबेदार की जब सातारा की नौकरी समाप्त हो गई तो वे मुंबई आ गए। यहाँ परल में डबक चाल में रहने लगे। वे भीमराव को महान् व्यक्ति होते देखना चाहते थे। उनके साधारण परीक्षाफल से उन्हें संतोष नहीं होता था। पिता की प्रेरणा से ही उन्हें पाठ्यक्रम से अतिरिक्त पुस्तकें पढ़ने व संग्रह करने का शौक उत्पन्न हुआ। यद्यपि रामजी चाहते थे कि भीम पहले पाठ्यक्रम की पुस्तकें पढ़ें, फिर समय बचने पर अन्य पुस्तकें । पुत्र का मन रखने के लिए वे कर्ज लेकर पुस्तकें लाते। विद्यार्थी जीवन में ही उन्हें पठन व मनन का चस्का लग गया था।

अब वे एलफिंस्टन कॉलेज में पढ़ने लगे थे। यहाँ भी शिक्षक और विद्यार्थियों ने उनके अस्पृश्य होने के कारण जाने-अनजाने उनका अपमान किया। अपमान के वे क्षण उनके मन में एकत्र होते रहे, आनेवाले तूफान को वेग देने के लिए।

मुंबई के एक कमरे के मकान में वे रात को उठकर पढ़ते। उनके पिता रात को दो बजे तक जागते, फिर उन्हें जगा देते। अब वे पढ़ाई के प्रति पहले से कहीं अधिक जागरूक हो गए थे, साथ ही क्रिकेट के शौकीन भी। इसी दौरान श्रमिकों के जीवन से उनका परिचय हुआ। उधर रामजी ने भीमराव को अधिकाधिक पढ़ाने के लिए आनंदराव को नौकरी से लगा दिया।

1907 में उन्होंने मैट्रिक की परीक्षा साधारण श्रेणी में उत्तीर्ण की। उस समय महार लड़के का मैट्रिक परीक्षा पास करना ही अद्भुत घटना थी। अत: इसके उपलक्ष्य में तत्कालीन प्रसिद्ध समाज-सुधारक सीताराम केशव बोले की अध्यक्षता में एक समारोह हुआ, जिसमें कृष्णाजी अर्जुन केलुसकर ने उन्हें स्वलिखित 'बुद्धचरित' भेंट किया। भविष्य में वे बौद्ध धर्म ग्रहण करने वाले थे, मानो यह उसका ही संकेत था।

मैट्रिक की परीक्षा उत्तीर्ण करने के बाद भीमराव का विवाह कर दिया गया। विवाह के समय भीमराव की उम्र सत्रह वर्ष तथा वधू की उम्र नौ वर्ष की थी। भायखला के मछली बाजार को विवाह-स्थल बनाया गया। दोनों पक्ष के लोग वहीं जमा हुए। रात में विवाह-विधि निबटाकर सुबह बाजार भरने के पूर्व जगह खाली कर दी गई।

वधू दाभोल के पास वणंद गाँव के भिकू घुत्रे की पुत्री रमाबाई थी। भिकू घुत्रे दाभोल बंदरगाह पर हमाली किया करते थे। परंतु रमाबाई के विवाह के पूर्व उनके माता-पिता का देहांत हो चुका था। उनका तथा उनके भाइयों का पालन-पोषण चाचा व मामा ने किया था। उनके भाई शंकर घुत्रे मुद्रणालय में नौकरी करते थे।

उन्हीं दिनों महाराष्ट्र में अस्पृश्योद्धार का आंदोलन शुरू हो चुका था। शिवराम जानबा कांबले पूना से 'सोमवंशीय मित्र' नामक पत्र प्रकाशित करते थे। उन्हें ही अस्पृश्यों की प्रथम सभा आयोजित करने का श्रेय है। कर्मवीर विट्ठल रामजी शिंदे भी संघर्ष टालकर अस्पृश्यता निवारण करना चाहते थे। बड़ौदा नरेश भी

अस्पृश्यों की सहायता करने की घोषणा कर चुके थे।

रामजी के लिए भीमराव की शिक्षा का व्यय उठाना कठिन हो गया था। उन्होंने भीमराव को किसी प्रकार बारहवीं कक्षा तक पढ़ाया। इस बीच बीमारी के कारण उनका एक वर्ष खराब भी हो चुका था। केलुसकर गुरुजी ने सर नारायण चंदावरकर की मारफत उन्हें छात्रवृत्ति देने का प्रबंध करवाया, जिससे उनका अध्ययन आगे चल सका।

अब रामजी **पोयबाबड़ी** की इंप्रूवमेंट चाल में रहने चले गए। उनके पास दो कमरे थे। जब भीमराव पढ़ते थे, तो उनके पिता बाहर पहरा देते थे। उन्होंने खूब मेहनत करके बी.ए. पास कर लिया। उन दिनों राजकीय असंतोष पराकाष्ठा पर था। अंग्रेज तिलक, सावरकर बंधु आदि नेताओं की धर-पकड़ कर रहे थे और उन्हें काला पानी की सजा सुना रहे थे। इस सबका परिणाम उनके मन पर हो रहा था।

डिग्री प्राप्त करने पर उन्होंने बड़ौदा रियासत में पिता की इच्छा के विरुद्ध नौकरी स्वीकार कर ली। बड़ौदा सरकार की सेवा में उनकी लेफ्टिनेंट के पद पर नियुक्ति हुई। सूबेदारजी का मन कहता था कि बड़ौदा का वातावरण उन्हें पसंद नहीं आएगा, परंतु लाख समझाने पर भी भीमराव ने अपना निश्चय नहीं छोड़ा।

संयोग से भीमराव ने बड़ौदा जाकर नौकरी आरंभ ही की थी कि सूबेदारजी बीमार पड़ गए। तार मिलते ही भीमराव लौटे, रास्ते में मिठाई लेने उतरे कि रेलगाड़ी छूट गई। दूसरी गाड़ी दूसरे दिन मिली, जब तक वे मुंबई पहुँचे, पिता मृत्यु-शय्या पर थे—मानो उन्हीं के इंतजार में उनके प्राण अटके हुए थे। पुत्र के आगमन की खबर सुनते ही आँखें खोलीं और प्रेम से हाथ फिराया और फिर प्राण छोड़ दिए। भीमराव को माता और पिता दोनों का प्यार रामजी से ही प्राप्त हुआ। ऐसे प्रेमिल, परिश्रमी, महत्त्वाकांक्षी व स्वाभिमानी पिता को खोकर भीमराव की मानो दुनिया ही लुट गई।

अमेरिका में उच्च शिक्षा

पिता की मृत्यु के बाद भीमराव की इच्छा बड़ौदा जाने की नहीं थी, परंतु जीविकोपार्जन के लिए अपने पैरों पर खड़े होना आवश्यक था। कुटुंब-पालन का भार अब उन्हीं पर था। ज्ञान संपादन करने की इच्छा भी थी। भाग्य से बड़ौदा नरेश ने चार विद्यार्थियों को छात्रवृत्ति देकर अमेरिका भेजने की योजना बनाई। उसमें भीमराव का भी चयन हो गया। इस योजना के अनुसार, चार वर्ष बाद अमेरिका से लौटकर उन्हें बड़ौदा राज्य में दस वर्षों तक नौकरी करनी थी।

उन दिनों एक भारतीय, उसमें भी किसी अछूत का विदेश जाना अद्‌भुत घटना थी। जुलाई 1913 में वे न्यूयार्क पहुँचे। वहाँ उनकी भेंट नवल भथेना नामक एक पारसी युवक से हुई। वहाँ सभी के साथ उठना-बैठना, खाना-पीना उनके लिए नया ही अनुभव था। इससे उनमें एक नए उल्लास का संचार हुआ। वहीं उन्हें यह भान हुआ कि दलितों की उन्नति का रामबाण उपाय है शिक्षा। माता-पिता का कर्तव्य है कि वे बच्चों में शिक्षा पाने की ललक पैदा करें। लड़के-लड़कियों दोनों को ही शिक्षा दी जानी चाहिए। वे स्वयं पढ़ाई में दत्तचित्त हो गए। छात्रवृत्ति के पैसों में से उन्हें घर के खर्चे के लिए भी पैसे भेजने होते थे। वे अर्थशास्त्र, समाजशास्त्र, राजनीतिशास्त्र, नृतत्त्वशास्त्र आदि विषयों का ज्ञान अर्जित करने में जुट गए। अब विद्या उनके लिए तपश्चर्या ही थी। उन्होंने 1915 में 'प्राचीन भारतीय व्यापार' नामक प्रबंध एम.ए. के लिए लिखा। जून

1916 में 'भारत में जाति' विषय पर प्रबंध लिखा। कोलंबिया विश्वविद्यालय के विद्यार्थियों ने इसके लिए उनका अभिनंदन किया। अमेरिका पहुँचकर वे लिंकन व बुकर टी. वाशिंगटन से बहुत प्रभावित हुए।

अमेरिका में आंबेडकर खाली समय में पुरानी पुस्तकों की दुकान से पुस्तकें खरीदकर लाते। उन्होंने लगभग दो हजार पुस्तकों का संग्रह कर लिया। परंतु ये ग्रंथ भारत आने तक बहुत थोड़े से बचे। उन्हीं दिनों लाला लाजपतराय ने, जो विदेश में भारतीय क्रांतिकारियों का संगठन कर रहे थे, आंबेडकर को भी आमंत्रित किया, पर उन्होंने नम्र व स्पष्ट शब्दों में मना कर दिया; क्योंकि बड़ौदा सरकार द्वारा प्रदत्त छात्रवृत्ति से अध्ययन पूर्ण करना ही उनका पहला कर्तव्य था।

बड़ौदा नरेश से अनुमति लेकर वे कानून व अर्थशास्त्र का अध्ययन करने लंदन गए। परंतु छात्रवृत्ति की अवधि समाप्त हो जाने के कारण उन्हें पढ़ाई अधूरी छोड़कर भारत लौटना पड़ा। तब तक प्रथम महायुद्ध छिड़ चुका था। ऐसी दशा में समुद्र-यात्रा भी खतरनाक हो सकती थी। मुंबई के समाचार-पत्रों में एक जहाज पानी में डुबा देने का समाचार प्रकाशित हुआ भी था। परंतु आंबेडकर जिस जहाज से आ रहे थे, वह सुरक्षित था, यह जानकर उनके संबंधी निश्‍िचत हुए।

बड़ौदा रियासत में कटु अनुभव

समझौते के अनुसार उन्हें नौकरी के लिए बड़ौदा जाना था। उनके पास पैसे नहीं थे। जो जहाज डूब गया था, उसमें डॉ. आंबेडकर का सामान था, जिसका मुआवजा उन्हें मिला। उसमें से आधे पैसे घर के खर्च के लिए देकर वे बड़ौदा पहुँचे। बड़ौदा नरेश ने अपने कर्मचारियों को रेलवे स्टेशन पर पहुँचकर सारी व्यवस्था करने का आदेश दिया था, पर अछूत के स्वागत के लिए कोई आगे नहीं आया। अत: अपने रहने और खाने की व्यवस्था उन्हें स्वयं करनी थी। किसी हिंदू लॉज या धर्मशाला में उन्हें जगह नहीं मिली। तब उन्होंने एक पारसी धर्मशाला में नाम बदलकर रहने की व्यवस्था की। महाराज उन्हें अर्थमंत्री का पद देना चाहते थे, परंतु विभिन्न विभागों के कामकाज का अनुभव न होने से सैनिक कार्यवाहक के रूप में उनकी नियुक्ति हुई। वहाँ भी अछूत होने के कारण अधिकारी और कर्मचारियों ने मिलकर उनका कार्य करना दूभर कर दिया। किसी ने सहयोग नहीं किया। फाइलें उन्हें दूर से फेंककर दी जातीं। पीने के लिए पानी भी नसीब नहीं होता, अत: वे सार्वजनिक वाचनालय में जाकर पढ़ते रहते। उनके वरिष्ठ अधिकारी भी यही चाहते थे कि काम न रहने पर वे सार्वजनिक वाचनालय में जाकर पढ़ें।

पारसी धर्मशाला में यह बात जाहिर हो गई कि यहाँ कोई महार आकर रहता है। बस, पारसी लोगों का झुंड हाथ में लाठियाँ लेकर आ गया। बड़ी मुश्किल से उन्हें धर्मशाला छोड़ने के लिए आठ घंटे की मोहलत मिली। उस समय प्लेग फैला हुआ था। बड़ौदा नरेश मैसूर जाने की जल्दी में थे। उन्होंने आंबेडकर से दीवानजी से मिलने के लिए कहा। दीवानजी इस विषय में उदासीन रहे। शहर में किसी हिंदू या मुसलमान ने उन्हें जगह नहीं दी। अंत में भूख-प्यास से व्याकुल होकर वे एक पेड़ के नीचे बैठकर रोते रहे। विदेश से शिक्षा प्राप्त एक अतिशिक्षित की भारत में कोई कद्र नहीं हुई। मजबूरन वे मुंबई लौटे। केलुसकर गुरुजी ने, महाराज को पत्र लिखकर, इस विषय में पहल की, किंतु उस समय बड़ौदा नरेश के बड़े भाई आनंदराव गायकवाड़ की मृत्यु हो गई थी। केलुसकर की प्रार्थना पर एक प्राध्यापक महोदय उन्हें अपने घर में रखने के लिए तैयार हो

गए थे; परंतु पत्नी के हठ के कारण वे लाचार हो गए। और आंबेडकर को एक बार फिर बड़ौदा पहुँचकर स्टेशन से ही लौटना पड़ा। इसी बीच उनकी सौतेली माता का भी देहांत हो गया।

आजीविका के लिए भटकाव

अभी तक आंबेडकर ने सार्वजनिक जीवन में प्रवेश नहीं किया था। इधर कांग्रेस राजनीतिक कारणों से अस्पृश्यता के प्रश्न को उठाने लगी थी। मुंबई में बड़ौदा नरेश सयाजीराव गायकवाड़ की अध्यक्षता में भारतीय अस्पृश्यता-निवारण परिषद् का आयोजन किया गया। इसमें प्रस्ताव पारित किया गया कि उपस्थित नेता अपने दैनिक जीवन में अस्पृश्यता का पालन नहीं करेंगे, यह प्रतिज्ञा करें। लोकमान्य तिलक ने परिषद् में कहा कि यदि देवता भी अस्पृश्यता पालते हैं तो मैं उन्हें देव नहीं मानूँगा। परंतु अपने अनुयायियों के आग्रह पर उन्होंने भी इस प्रस्ताव पर हस्ताक्षर नहीं किए। इस अधिवेशन के सूत्रधार कर्मवीर शिंदे थे।

आंबेडकर अछूतोद्धार के सवर्णों के कार्यक्रमों के प्रति आरंभ से ही उदासीन व सशंक थे। इस आंदोलन से उनका वैचारिक विरोध था। वे सर्वप्रथम स्वतंत्र जीवन व्यतीत करने के लिए उचित आजीविका की तलाश में थे। अत: बैरिस्टर के कोर्स को पूरा करना चाहते थे। अपने मित्र नवल भथेना की सहायता से उन्हें दो विद्यार्थियों की ट्यूशन मिल गई। इसी समय उन्होंने स्टॉक्स एंड शेयर्स सलाहकार के रूप में एक कंपनी खोली। आरंभ में ऐसा लगा कि कंपनी खूब चलेगी; लेकिन जैसे ही पता लगा कि यह नई खुली कंपनी महार की है, सलाह लेनेवाले ग्राहकों की संख्या कम होने लगी। अंततोगत्वा इसकी परिणति तालेबंदी में हुई। फिर उन्हें एक धनिक पारसी के यहाँ मुनीमी का काम शुरू करना पड़ा। उनके अध्ययन व लेखन की गतिविधियाँ जारी रहीं। उन्होंने 'स्मॉल होर्डिंग्स इन इंडिया एंड देअर रेमिडीज' नामक शोध-प्रबंध लिखा। जीवन में स्थिरता आई नहीं थी, निराशा का दौर जारी था। तभी उन्हें सिडनहॅम कॉलेज में राजनीतिक अर्थशास्त्र के प्राध्यापक की अस्थायी नौकरी मिल गई। उनके गहन अध्ययन, विवेचन पद्धति का विद्यार्थियों पर पर्याप्त प्रभाव पड़ा। प्राध्यापक के रूप में उन्हें पर्याप्त प्रसिद्धि मिली।

सार्वजनिक जीवन में प्रवेश

आंबेडकर के जीवन का ध्येय अछूतों को न्याय और समानता दिलाना था। अपने इस महान् कार्य की शुरुआत उन्होंने क्रिकेट खिलाड़ी पी. बालू का सत्कार समारोह समायोजित कर तथा उन्हें मुंबई नगरपालिका में नौकरी दिलाकर की। उनके दलितों के नेतृत्व का आरंभ 'मूकनायक' (पाक्षिक) पत्र के प्रकाशन से मानना होगा। कोल्हापुर नरेश ने आर्थिक सहायता देकर उनसे एक पाक्षिक पत्र का प्रकाशन करने का अनुरोध किया। स्वयं कोल्हापुर नरेश शाहू छत्रपति महाराज अछूतों के हिमायती थे। उन्होंने अपनी रियासत में अछूतों को नौकरियाँ दी थीं। अछूतों को मुफ्त भोजन, निवास व शिक्षा की सुविधाएँ प्रदान की थीं। वे स्वयं उनके साथ खुलेआम भोजन किया करते थे। कोल्हापुर नरेश के अंत:करण में दलितों के प्रति सच्ची छटपटाहट थी। वे अपनी मनोकामना की पूर्ति आंबेडकर के माध्यम से देख रहे थे। आंबेडकर अभी हिंदू समाज के साथ खुली लड़ाई नहीं करना चाहते थे। उन्होंने नंदराम भटकर को 'मूकनायक' पत्र के संपादक का नाम दिया। हिंदू समाज का वर्णन करते हुए उन्होंने इस पत्र में लिखा था कि हिंदू समाज अनेक मंजिली इमारत है। प्रत्येक जाति

एक मंजिल है। पर इस इमारत में ऊपर से नीचे, नीचे से ऊपर जाने के लिए सीढ़ी नहीं है।

कोल्हापुर रियासत के अंतर्गत माणगाँव में अछूतों के अधिवेशन में पहली बार डॉ. आंबेडकर ने भाग लिया। इस अधिवेशन में शाहू महाराज और उनके समर्थकों के साथ डॉ. आंबेडकर व इतर अछूत नेताओं ने भोजन किया।

अछूतों के अधिवेशन अब तक आम हो गए थे। सन् 1920 में एक विशाल अधिवेशन नागपुर में हुआ, जिसमें शाहू छत्रपति महाराज ने अध्यक्षता की और डॉ. आंबेडकर ने अपने प्रतिनिधियों सहित भाग लिया।

इस अधिवेशन में उन्होंने अपने नेतृत्व के लिए आवश्यक कालबोध व समयोचित भाषण आदि गुणों का परिचय दिया। इस अधिवेशन के बाद महारों की अठारह उपजातियों के सहभोज का कार्यक्रम हुआ।

लंदन में उच्च शिक्षा

इस समय तक वे अपने पिता द्वारा किराए पर ली गई इंप्रूवमेंट ट्रस्ट की चाल में ही रहते थे। पैसा सँभालकर खर्च कर रहे थे, क्योंकि लंदन जाकर अधूरी पढ़ाई पूरी करनी थी। साथ ही बैरिस्टर बनकर स्वतंत्र आजीविका करनी थी।

रमाबाई ने उनके अध्ययन के लिए सभी प्रकार के कष्ट सहे। अपनी विधवा जेठानी और उनके पुत्र मुकुंद को पूरे अपनेपन के साथ निभाया। वे अत्यंत धर्मभीरु प्रकृति की तथा पतिपरायणा स्त्री थीं।

डॉ. आंबेडकर ने प्राध्यापकीय वेतन से बहुत बचत की। उनके मित्र नवल भथेना ने पाँच हजार रुपए बतौर कर्ज दिए। कुछ आर्थिक सहायता कोल्हापुर नरेश ने की। इस प्रकार वे लंदन के लिए रवाना हो गए।

बड़ौदा सरकार के अधिकारी डॉ. आंबेडकर से छात्रवृत्ति वापस लौटाने का तगादा कर रहे थे। सिडनहॅम कॉलेज के प्राचार्य को भी पत्र लिख रहे थे, परंतु बड़ौदा नरेश को इस सबसे अनभिज्ञ रखा गया था। अधिकारी तो डॉ. आंबेडकर को न्यायालय तक ले जाना चाहते थे, परंतु आंबेडकर उनकी रियासत के अंतर्गत नहीं रहते थे। बड़ौदा नरेश को जब यह मालूम हुआ तो उन्होंने कहा कि कर्ज नहीं, छात्रवृत्ति है। अंततोगत्वा यह प्रकरण समाप्त हुआ।

लंदन में उन्होंने लंदन स्कूल ऑफ इकोनॉमिक्स एंड पॉलिटिकल साइंस में प्रवेश लिया। साथ ही 'ग्रेज इन' में बैरिस्टर के पाठ्यक्रम में प्रवेश लिया। वे कई-कई किलोमीटर पैदल घूम-घूमकर दुर्लभ ग्रंथ खरीदते। वास्तव में वे पेट काटकर अध्ययन कर रहे थे। सुबह एक कप चाय व मुरब्बा लगा एक पॉव का टुकड़ा खाकर निकलते तो पाँच बजे तक पढ़ते रहते। रात के भोजन में एक कप पेय और दो बिस्कुट लेते। फिर पढ़ने का दूसरा दौर शुरू करते और सुबह तक पढ़ते रहते। रात्रि-जागरण में असह्य भूख लगती। इस बार उन्हें कोई छात्रवृत्ति नहीं मिली थी। उधर भारत में पिता भी नहीं थे। बीच-बीच में अपने मित्र नवल भथेना से ही रुपया माँगते थे। उनका जीवन अविरत परिश्रम व अत्यंत कष्टसहिष्णुता का जीवन था।

लंदन में ही स्थायी हुए एक भारतीय संस्कृत पंडित की पत्नी डॉ. आंबेडकर को छुट्टी के दिन भोजन के लिए आमंत्रित करती थीं। डॉ. आंबेडकर ने उन्हें अपने अछूत होने की बात कभी नहीं बताई।

लंदन में रहते हुए भी वे वहीं से अपने मित्रों और सहकारियों का मार्गदर्शन करते थे। सीताराम पंत शिवतरकर से वे अपने पीछे अपने घर की ओर ध्यान देने के लिए कह गए थे।

भारतमंत्री मांटेग्यू को अछूतों की समस्या से अवगत कराने के लिए वे उनसे मिले। अपनी मुलाकात के विषय में कोल्हापुर नरेश को उन्होंने लिखा था, 'भारतमंत्री मांटेग्यू ने मुझसे पुनः मिलने के लिए कहा है। उनका आग्रह है कि मैं मुंबई विधानसभा के सदस्य के रूप में भारत लौट जाऊँ। मेरी पहली भेंट के पश्चात् उन्होंने मुंबई के गवर्नर को मुझे मुंबई विधानसभा का सदस्य बनाने के लिए तार किया होगा। परंतु मैंने उनसे कहा है कि मैं व्यक्तिगत कार्य के लिए यहाँ नहीं आया। मैंने अछूतों का प्रश्न उपस्थित किया है, उसका समाधान चाहता हूँ। मैं विधानसभा के सभासदत्व के लिए पढ़ाई छोड़कर लौटना नहीं चाहता। मुझे वैयक्तिक कीर्ति की चाह नहीं है।'

उन्होंने 'डॉक्टर ऑफ साइंस' की उपाधि के लिए 'द प्रॉब्लम ऑफ रूपी' नामक शोध-प्रबंध लिखा तथा बैरिस्टर की परीक्षा भी उत्तीर्ण की। इसी समय शाहू छत्रपति का निधन हो गया। आंबेडकर को इससे अत्यंत दुःख हुआ। उन्होंने अपना मित्र व दलितों का शुभचिंतक खो दिया था। उनसे प्रबंध को सुधारकर लिखने के लिए कहा गया, पर अब उन्हें घर लौटना जरूरी हो गया था। वे घर लौट आए और तीन-चार महीने में उसमें यथेच्छ सुधार कर उसे पुनः लंदन भेज दिया। आखिर उन्हें 'डॉक्टर ऑफ साइंस' की उपाधि मिल गई। रमाबाई अत्यंत प्रसन्न हुईं। प्रसन्नता का कारण यह था कि अब डॉ. आंबेडकर अपनी गृहस्थी में ध्यान दे सकेंगे।

सामाजिक कार्यों का आरंभ

डॉ. आंबेडकर के जीवन में अब एक दिशा दिखाई देने लगी थी—वकालत करते हुए समय, प्रतिष्ठा व धन का अछूतोद्धार के लिए उपयोग करना। वकालत की सनद पाने के लिए पैसों की व्यवस्था की थी नवल भथेना ने।

इस समय तक मुंबई विधानसभा ने अछूतों के उद्धार के कुछ काम हाथ में लेने शुरू कर दिए थे। 1923 में कोकोनाडा में कांग्रेस का अधिवेशन हुआ। इसमें महमूद अली ने अध्यक्ष पद से बोलते हुए कहा कि अछूतों को हिंदू-मुसलमानों में समान भाग में बाँट दो। कुछ मुसलमानों ने अछूतों को मुसलमान बनाना अपना पुण्य कर्तव्य बताया। गांधीजी ने भी समय की आवश्यकता समझकर अछूतोद्धार आंदोलन आरंभ किया।

वीर सावरकर भी काला पानी की सजा भोगकर येरवडा जेल में बंद थे। वहाँ से निकलने के बाद उन्होंने अस्पृश्यता का समूल नाश कर, परधर्म में गए हुए हिंदुओं को पुनः अपने धर्म में प्रवेश कराने का संकल्प लिया।

इधर डॉ. आंबेडकर ने भी 9 मार्च, 1924 को दामोदर ठाकरसी सभागृह, परल में एक सभा आयोजित की, जिसमें समस्त अछूत समाज के नेता एकत्रित हुए। इस सभा के अनुसार 20 जुलाई, 1924 को 'बहिष्कृत हितकारिणी सभा' का जन्म हुआ। डॉ. आंबेडकर का आरंभ से ही शिक्षा पर जोर था। इस संस्था का उद्देश्य भी शिक्षा का प्रसार करना ही था। उसके लिए वसतिगृह, वाचनालय, शैक्षणिक वर्ग व स्वाध्याय संघ स्थापित करना आदि भी संस्था के कार्य थे। आर्थिक स्थिति सुधारने के लिए औद्योगिक व कृषि संबंधी स्कूल खोलना था। इस संस्था में भी सवर्ण बंधुओं का समावेश था। डॉ. आंबेडकर के अनुसार, सवर्ण वर्ग के धनवान् व अछूतों के प्रति सहानुभूति रखनेवालों की सहायता के बिना अछूतों की समस्या का हल संभव नहीं है।

अस्पृश्यों की उन्नति के लिए आगे आनेवाली अनेक संस्थाओं के होते हुए भी डॉ. आंबेडकर ने पृथक् संस्था क्यों आरंभ की? ब्राह्मसमाज, प्रार्थनासमाज आदि ने अछूतों के उद्धार के लिए कुछ प्रयत्न किए। बड़ौदा

नरेश व कोल्हापुर नरेश ने अछूतों के लिए जो कुछ किया, उसके परिणामस्वरूप महाराष्ट्र में अछूतों के प्रश्न को गति मिली। कर्मवीर शिंदे ने ज्योतिबा फुले की तरह संगठित प्रयास किया। इन सभी के ईमानदार प्रयासों के अतिरिक्त भी एक सुधारक वर्ग था, जो ऊपरी तौर पर समाज-सुधार का कार्य कर रहा था। यह सहभोजन, सफाई आदि कार्यों तक सीमित था। मुसलमानों के द्वारा अल्पसंख्यक का प्रश्न उठाने पर हिंदुओं को अस्पृश्यों की याद आती थी। आर्यसमाज व हिंदू महासभा अवश्य अछूतों के लिए ठोस कार्य कर रही थी, पर सनातनी हिंदू उसे व्यर्थ समझ रहे थे। हिंदू महासभा को भी सावरकर जैसे कार्यकर्ता फिर नहीं मिले, अतः उनका कार्य प्रगति नहीं कर सका।

आंबेडकरवादियों के मत में सावरकर, गांधीजी व आंबेडकर—तीनों के अछूतोद्धार आंदोलन की दिशाएँ भिन्न-भिन्न थीं। गांधीजी चातुर्वर्ण्य स्थिर रखकर ही अछूतों को हिंदू समाज में स्थान देना चाहते थे। उन्होंने मुसलमान व ईसाई धर्म में परिवर्तित होनेवाले अछूतों के विषय में कभी कुछ नहीं कहा। सावरकर की भूमिका हिंदू राष्ट्रवादी व क्रांतिकारी की थी। वे समता के आधार पर जातिविहीन सामर्थ्यशाली राज्य बनाना चाहते थे। परंतु यह आंदोलन भी राजनीतिक था। आंबेडकर की भूमिका गांधी और सावरकर से मूलतः भिन्न थी; क्योंकि वे स्वयं अछूत थे। उन्होंने अछूतों को मनस्वी बनाने का कार्य किया। सर्वप्रथम उन्होंने अपने आपको मनुष्य जैसा बनने के लिए कहा। स्वावलंबन ही आत्मोन्नति का मार्ग है, यह बताया। निपाणी, मालवण आदि स्थानों पर सभाएँ आयोजित कीं। मद्रास में रामास्वामी नायकर ने ब्राह्मणों के मोहल्ले का रास्ता अस्पृश्यों के लिए खुला छोड़ देने के लिए सत्याग्रह किया, जो सफल रहा। दूसरे एक अछूत ने मंदिर में प्रवेश किया, जिसके परिणामस्वरूप अदालत में उसे कठोर दंड मिला। ये सारी घटनाएँ अछूतों में नई हलचल उत्पन्न कर रही थीं।

उन्हीं दिनों आंबेडकर ने अपने भाषणों में अस्पृश्यों के लिए स्वतंत्र प्रदेश की माँग की। क्षोभ और निराशा में ही उन्हें यह कल्पना सूझी होगी। इसी समय उनके सबसे छोटे पुत्र राजरत्न का जन्म हुआ। यह पुत्र उनकी दृष्टि में असामान्य था। अब तक वे दो पुत्र और एक पुत्री खो चुके थे। राजरत्न भी अल्पायु ठहरा। वकालत में भी अस्पृश्यता उनके आड़े आती थी। पूना के कुछ ब्राह्मणों ने तीन ब्राह्मणेतर नेताओं के विरुद्ध मानहानि का मुकदमा दायर किया था। उन नेताओं ने डॉ. आंबेडकर को अपना वकील बनाया। इस मुकदमे में विजयी होकर वकील के रूप में उनकी प्रसिद्धि होने लगी थी। वह 'बॉटलीबॉय अकाउंटेंसी ट्रेनिंग इंस्टीट्यूट' में शिक्षक का कार्य भी करते थे। उनके वे दिन भी उदासीनता और निराशा के ही थे, क्योंकि अछूतों की स्थिति में कोई आशाजनक सुधार नहीं था। प्रायः वे गरीबों के मुकदमों की पैरवी मुफ्त में किया करते थे। उनके दिल में अपने लोगों के प्रति असीम सहानुभूति थी। उनमें शीघ्र निर्णय लेने की क्षमता, विचार प्रस्तुत करने और विचारों के अनुसार कृति करने की निर्भयता थी। अतः वे दलितों के प्रिय नेता के रूप में प्रतिष्ठित हो रहे थे।

क्रांति का आरंभ

अब तक डॉ. आंबेडकर पर्याप्त ज्ञान अर्जित कर चुके थे। अछूतों की दयनीय स्थिति के प्रति सवर्णों की वास्तविक दृष्टि व परिस्थिति का आकलन कर चुके थे। शताब्दियों से चातुर्वर्ण्य का पालन करनेवाले परंपरावादियों का दृष्टिकोण अछूतों के प्रति अत्यंत क्रूर व अमानवीय हो चुका था। उनके हृदय परिवर्तन की आशा पत्थर के पिघलने की आशा के समान थी।

1927 में कोटेगाँव में भाषण देते हुए उन्होंने कहा कि स्पृश्य हिंदुओं ने अछूतों को कुत्ते-बिल्लियों की तरह देखा, जिससे वे ब्रिटिश फौज में भरती हुए, परंतु ब्रिटिशों ने उनकी भरती बंद कर दी। उन्होंने आह्वान किया कि यदि सरकार सेना में उनकी भरती से बंदी नहीं उठाती, तो सरकार के विरुद्ध आंदोलन किया जाए। इसी साल सरकार ने आंबेडकर को विधान मंडल की सदस्यता प्रदान की। इस उपलक्ष्य में अस्पृश्य समाज के शिक्षकों ने परल के दामोदर सभागृह में उनका अभिनंदन किया। आंबेडकर दो-तीन वर्षों से अछूतों में जागृति उत्पन्न कर रहे थे। अब वे संघर्ष के लिए तैयार हो रहे थे।

विधानसभा के प्रस्ताव के अनुसार नगरपालिका के अधिकार के अंतर्गत आनेवाले जनस्थान, तालाब आदि सार्वजनिक हो गए थे; परंतु अभी अपने अधिकारों का उपयोग उन्होंने नहीं किया था।

विचारों का कृति में रूपांतर करने के लिए महाड़ के चवदार तालाब के पानी के सामूहिक प्राशन की योजना बनाई गई। महाड़ में 19 व 20 मार्च को बहिष्कृत परिषद् का आयोजन हुआ। सुरबा टिपणीस, संभाजी गायकवाड़, अनंतराव चित्रे, रामचंद्र मोरे इत्यादि नेताओं ने इस सम्मेलन को सफल बनाने में अथक परिश्रम किया। गाँव-गाँव से कोंकण, मुंबई, नागपुर आदि जगहों से पाँच हजार अछूत पीठ पर रोटी बाँधकर सम्मेलन में एकत्र हुए। इनमें पंद्रह वर्ष के किशोर से लेकर पचहत्तर वर्ष तक के वृद्ध भी सम्मिलित थे।

यह सम्मेलन चवदार तालाब से दो फर्लांग की दूरी पर एक मंडप में हुआ। इस आयोजन के लिए उस समय चालीस रुपए देकर पीने का पानी खरीदा गया। इसमें बापूराव जोशी, धारिया, तुलजाराम मिठा आदि स्पृश्य नेता भी उपस्थित थे। अछूत महिलाओं की उपस्थिति भी काफी संख्या में थी। स्वागताध्यक्ष संभाजी गायकवाड़ की अध्यक्षता में सभा का आरंभ हुआ।

सम्मेलन में डॉ. आंबेडकर ने अत्यंत भावुक होकर दलितों की करुण स्थिति का चित्र खींचा। उन्होंने यह भी कहा कि अस्पृश्य समाज की सहायता के बिना ब्रिटिश सरकार का इस देश में प्रवेश कभी भी संभव नहीं था। उन्हीं अछूतों का सेना में प्रवेश रोककर ब्रिटिश सरकार ने विश्वासघात व मित्रद्रोह किया है। उन्होंने पुनः यह कहा कि अंग्रेज मराठेशाही का उच्चाटन कर सकें, इसका कारण जाति-भेद या आपसी लड़ाई न होकर यह है कि उन्होंने इस देश के लोगों को सेना में भरती किया। अछूतों का बल यदि अंग्रेजी सेना में नहीं होता तो इस देश पर कब्जा करना उनके लिए संभव नहीं था। अछूतों को अधिक-से-अधिक सरकारी नौकरियों में भरती होना चाहिए; क्योंकि सरकार एक अत्यंत महत्त्वपूर्ण संस्था है। इसके लिए अछूतों को उच्च शिक्षा प्राप्त करना आवश्यक है। स्वावलंबन व स्वाभिमान के द्वारा ही उद्धार संभव है। महारों को मृत जानवरों का मांस खाना छोड़कर खेती करना चाहिए।

अनेक अछूत व सवर्ण नेताओं के उत्तेजक भाषण हुए। दस प्रस्ताव पास हुए।

रात्रि को विषय नियामक समिति में महाड़ नगरपालिका के प्रस्ताव पर चर्चा हुई। अछूतों का चवदार तालाब पर पानी पीने का अधिकार सिद्ध करने के लिए सम्मेलन में उपस्थित सभी प्रतिनिधि वहाँ जाकर पानी पिएँ, यह निश्चित हुआ। दूसरे दिन सुबह सुरबा टिपणीस के घर टिपणीस, आंबेडकर, शिवतरकर, सहस्रबुद्धे व अनंतराव चित्रे ने इसके लिए योजना बनाई।

दोपहर में सम्मेलन में फिर भाषण व विचार-विनिमय हुआ। अनंतराव चित्रे ने महाड़ नगरपालिका का प्रस्ताव अमल में लाने को कहा। इसपर अधिवेशन में उपस्थित सवर्ण नेताओं ने इसे लोकमत तैयार होने के

पहले का उतावलापन कहा। परंतु अछूत इसके लिए तैयार थे। शीघ्र ही चार-चार की पंक्ति बनाई गई व अनुशासनबद्ध तरीके से वह मोर्चा तालाब की ओर बढ़ा।

इस तालाब का पानी पशु-पक्षी, मुसलमान-ईसाई सभी पीते थे; परंतु सधर्मी अछूतों के पानी पीने से हिंदुओं का धर्म डूबता था, संस्कृति कलंकित होती थी। आकाश फट पड़ता था। इस क्रूर व अमानवीय अस्पृश्यता की रूढ़ि का नाश कर नए सामाजिक मूल्य व मानव-समता की स्थापना के लिए रूढ़ि-विध्वंसक, दलितों के उद्धारकर्ता, निडर क्रांतिकारी आंबेडकर क्रांति का आह्वान कर रहे थे। यह अपूर्व घटना थी। एक ओर भारत में अंग्रेजों के विरुद्ध क्रांति की तैयारियाँ हो रही थीं, दूसरी ओर अछूत सामाजिक न्याय के लिए सवर्णों के विरुद्ध तैयार हो रहे थे। आंबेडकर का दलितों से कहना था कि स्वतंत्रता भीख माँगकर नहीं मिलती, उसे अपनी शक्ति व सामर्थ्य से पाना होता है। आत्मोद्धार किसी की कृपा से नहीं होता। अपना उद्धार स्वयं करना होता है।

आत्मोद्धार के लिए आंबेडकर आगे आए। तालाब के किनारे खड़े हुए, धीरे-धीरे सीढ़ी से नीचे उतरे, अंजलि भर चवदार, अर्थात् स्वादिष्ट पानी पिया। प्रचंड जनसमुदाय ने अपने नेता का अनुकरण किया और अपने नागरिक अधिकार का उपयोग किया। फिर मोर्चा उसी प्रकार शांत भाव से सम्मेलन-स्थल पर पहुँचा और विसर्जित हो गया। यह दिन डॉ. आंबेडकर के जीवन का महत्त्वपूर्ण दिन था।

इस घटना से महाड़ के सनातनी लोग भड़क उठे। वातावरण तप्त व स्फोटक हो गया। अफवाह फैल गई कि महारों ने तालाब बिगाड़ दिया, अब वे वीरेश्वर के मंदिर में प्रवेश करेंगे। अत: सवर्ण हिंदू अपने भ्रष्ट होते हुए देवता को बचाने के लिए लाठियाँ लेकर तैयार हो गए थे। यदि यह घटना मुसलमानों की ओर से होती तो वे डर के मारे साँकल लगाकर घर में बैठ जाते, परंतु यह दीन-हीन पद-दलितों के सिर उठाने की बात थी। उनके देव ने रैदास चमार को साक्षात् दर्शन दिए थे। वही देव भ्रष्ट होने वाला था। इसलिए उन्होंने मंडप में घुसकर निरपराधी दलितों, उनकी स्त्रियों व बच्चों की पिटाई कर दी। तैयार भोजन में मिट्टी मिला दी, बरतन फोड़ दिए। कुछ लोगों की, जो बाजार घूमने गए थे—रास्ते में पिटाई कर दी। कुछ लोगों ने मुसलमानों के घर छिपकर अपनी जान बचाई।

बाबा साहब को डाक-बंगले पर यह सूचना मिली। पुलिस अधिकारी उनसे डाक-बंगले पर मिलने आए। उन्होंने पुलिस अधिकारी से कहा कि आप सवर्ण हिंदुओं को रोकें। मैं अपने आदमियों को सँभालता हूँ। वे दो-तीन अनुयायियों के साथ बाहर निकले। रास्ते में स्पृश्य गुंडों ने उनका पीछा किया। परिस्थिति की नाजुकता को भाँपकर उन्होंने उनसे शांतिपूर्वक कहा कि मंदिर में प्रवेश का हमारा कोई इरादा नहीं है।

मंडप में घायल, प्राणांतक वेदना से चीखते हुए बांधवों को देखकर उनका खून खौल उठा। परंतु उन्होंने अपने अनुयायियों को शांत रहने को कहा। बीस अनुयायियों को वे स्वयं दवाखाने ले गए, जहाँ सवर्ण डॉक्टरों ने उनका मजाक बनाया।

जब वे डाक-बंगले पर लौटे तो लगभग सौ अछूत अधीर होकर उनकी राह देख रहे थे। क्रोध की चिनगारियाँ उनकी आँखों में चमक रही थीं। हाथ प्रतिशोध के लिए फड़फड़ा रहे थे। परंतु अपने एकमात्र नेता का आदेश मानकर वे अपने-अपने गाँवों को लौट गए। अन्यथा उनमें अनेक वीर सैनिक थे। यदि संघर्ष होता तो खून का एक चवदार तालाब और बन जाता।

बाबा साहब को डाक-बंगला उसी दिन खाली करना था, अतः वे दो दिन सुरबा टिपणीस के घर रुके और दंगे की पूरी जानकारी लेकर मुंबई लौटे। उनके प्रयत्न से सात लोगों को चार महीने के सश्रम कारावास की सजा हुई। डॉ. आंबेडकर का कहना था कि यदि न्यायाधीश सवर्ण होता तो हमें न्याय मिलना संभव नहीं था।

उधर सवर्णों ने तालाब से एक सौ गागर पानी निकालकर, उसमें पंचगव्य मिलाकर वेदमंत्रों के उच्चारण के साथ शुद्ध करके तालाब में डाल दिया। केवल तत्कालीन तरुण नेता बापूराव जोशी ने शुद्धि की परवाह न करते हुए उस तालाब में प्रेम से स्नान किया।

दलितों पर महाड़ घटना का अनुकूल प्रभाव हुआ। उन्होंने डॉ. आंबेडकर के उपदेशों को अपनाना आरंभ किया। मृत जानवरों का मांस खाना और सवर्णों के यहाँ रोटी के टुकड़े माँगना छोड़ दिया। सबसे अधिक उन्हें संगठित होने की आवश्यकता प्रतीत हुई। सवर्णों के अत्याचार के विरुद्ध स्थान-स्थान पर सभाएँ हुईं। वीर सावरकर ने आंबेडकर के संघर्ष को न्यायोचित बताया।

'बहिष्कृत भारत' का आरंभ

अब आंबेडकर को अपने मत प्रतिपादन तथा विरोधकों को उत्तर देने के लिए एक पत्र की आवश्यकता प्रतीत हुई। उन्होंने 'मूकनायक' के बाद 3 अप्रैल, 1927 को 'बहिष्कृत भारत' नामक पाक्षिक पत्र आरंभ किया। 'मूकनायक' की तरह 'बहिष्कृत भारत' नाम भी अर्थगर्भित था। भारत में ही एक और बहिष्कृत भारत था। इस पत्र के आरंभ में ही उन्होंने लिखा, 'जब तक हम अपने आपको और आप हमको हिंदू समझते हैं, तब तक मंदिर-प्रवेश हमारा अधिकार है। यदि यह संभव नहीं हुआ तो हम हिंदू धर्म को छोड़ देने में भी नहीं हिचकिचाएँगे।' उनके मत में, हिंदू धर्म में मनुष्य ईश्वर की संतान नहीं, ईश्वर का रूप ही है। यह धर्म का तेजस्वी तत्त्व है, परंतु व्यवहार में इसका कहीं पालन नहीं है। जाति-भेद और छुआछूत के कारण हिंदू समाज की शक्ति नष्ट हो रही है। आवश्यकता है एकवर्णीय संगठित समाज की।

वे कहा करते थे कि दलितों के साथ न्याय का व्यवहार करने के अनिच्छुक लोगों के मुँह से प्रजातंत्र व स्वराज्य जैसे शब्द शोभा नहीं देते। जो सवर्ण लोग उनसे कहते थे कि अछूत समस्या का समाधान एक वर्ष में कैसे संभव है, उनसे वे कहा करते थे कि अनेक शतकों की गुलामी एक साल में कैसे दूर होगी?

उनका कहना था कि तिलक यदि अछूत वर्ग में पैदा हुए होते तो वे 'स्वराज्य हमारा जन्मसिद्ध अधिकार है' कहने की अपेक्षा—अस्पृश्यता नष्ट करना हमारा कर्तव्य है—कहते।

अंग्रेज भारतीयों से जैसा अपमानजनक व्यवहार करते थे, उससे अधिक अपमानजनक ढंग से भारतीय दलितों से व्यवहार करते थे। वे अपनी सुबोध, तर्कयुक्त व प्रभावशाली भाषा में इस विसंगति और ढोंग को व्यक्त कर रहे थे। नागनाक, सिदनाक व रामनाक जैसे बहादुर महार ही थे, उनकी कथा सुनाकर आंबेडकर दलितों में स्वाभिमान की ज्योति जला रहे थे।

सन् 1927 में विधानसभा के सदस्य के रूप में उन्होंने बजट पर भाषण देते हुए कहा कि अन्य उद्योग-धंधों की तुलना में खेती पर 'कर' बहुत अधिक व निर्दयतापूर्ण है। उन्होंने दलितों को समान स्तर पर लाने के लिए शिक्षा में सुविधाएँ देने पर जोर दिया। उन्होंने ब्राह्मणों के हाथ में शिक्षा के सूत्र देने का भी विरोध किया;

क्योंकि वे दलितों का अपमान ही नहीं करते थे, उन्हें पढ़ने से हतोत्साहित भी करते थे।

इसी वर्ष दलितों के मंदिर-प्रवेश के आंदोलन की चर्चा भी समाचार-पत्रों में आरंभ हो गई थी। इन्हीं दिनों समाचार-पत्रों ने 'ठाकुरद्वार का मंदिर हिंदूमात्र के लिए खुला है' समाचार प्रकाशित किया। बाबा साहब ने मंदिर के प्रमुख कार्यवाहक से उस मंदिर में प्रवेश का दिन तय किया। निश्चित दिन वे सीताराम पंत शिवतरकर के साथ उस मंदिर में गए। परंतु भीड़ ने उन्हें घुसने नहीं दिया। उनके आक्रोश को देखकर मंदिर के अधिकारी घबरा गए। आंबेडकर और शिवतरकर जैसे-तैसे बाहर आए। मंदिर के अधिकारियों को आंबेडकर जैसे महापुरुष के चरणों से अपवित्र मंदिर को गोमूत्र से शुद्ध करना पड़ा।

इसी बीच चमार जाति के कार्यकर्ताओं ने उनपर आरोप लगाया कि वे केवल महारों के हितचिंतक हैं। उन्होंने इस आरोप का उत्तर देते हुए अनेक उदाहरण दिए। साथ ही कहा कि यदि चमार समाज में मुझसे श्रेष्ठ पुरुष हों, आगे आएँ और नेतृत्व स्वीकार करें। दलित समाज में फूट डालना सवर्णों की एक चाल है।

अस्पृश्यता के कलंक का प्रक्षालन

सवर्णों के महाड़ के चवदार तालाब को शुद्ध करने के कर्मकांड से डॉ. आंबेडकर अत्यंत उद्विग्न हो गए। अब उन्होंने 'अस्पृश्यता हिंदू धर्म पर कलंक है'—कहने की अपेक्षा यह कहना आरंभ किया कि अस्पृश्यता हमपर कलंक है। अस्पृश्यता हिंदू धर्म पर कलंक होती तो हिंदू उसे धोने का कार्य करते, परंतु अस्पृश्यता हमपर कलंक है, अत: उसे धोने का पवित्र कार्य हम करेंगे। उसके लिए आत्माहुति देने के लिए तैयार हैं। इसके लिए उन्होंने महाड़ के उसी तालाब पर सत्याग्रह करने का अपना मंतव्य प्रकट किया। उनकी इस घोषणा का संपूर्ण महाराष्ट्र में स्वागत हुआ। यद्यपि कुछ लोगों ने इसे अविवेकी उतावलापन, घातक व अनर्थकारक कहा।

महाराष्ट्र में ब्राह्मणेतर पक्ष के नेता जेधे व जवलकर ने डॉ. आंबेडकर के सत्याग्रह को पूर्व समर्थन दिया। उनका आग्रह था कि इस सत्याग्रह में ब्राह्मणों को सम्मिलित नहीं किया जाए तथा यह सत्याग्रह अहिंसक हो। बाबा साहब ने ब्राह्मणों को बाहर रखने की शर्त को स्वीकार नहीं किया। उनका कहना था कि हमारा विरोध ब्राह्मण या किसी जाति से नहीं, ब्राह्मणवाद से है। ब्राह्मणवादी विचारधारा से ग्रस्त हर व्यक्ति से हमारा विरोध है, भले ही वह अछूत ही हो। हमारी लड़ाई सैद्धांतिक है, उसका संबंध व्यक्ति या जाति विशेष से नहीं। उन्होंने कहा, धर्म मनुष्य के लिए है, न कि मनुष्य धर्म के लिए। जो धर्म अछूतों की परवाह नहीं करता वह धर्म हमारा है या नहीं, इसका भी एक बार ठीक-ठीक निर्णय होना चाहिए।

इसी बीच 4 अगस्त, 1927 को महाड़ नगरपालिका ने चवदार तालाब को सार्वजनिक किए जाने का अपना प्रस्ताव सवर्णों के दबाव से वापस ले लिया। इस घटना ने बाबा साहब के निर्णय को और अधिक तेज कर दिया। उन्होंने शीघ्र ही एक बैठक आयोजित कर सत्याग्रह की रूपरेखा तैयार की। 25 व 26 दिसंबर, 1927 सत्याग्रह के दिन निश्चित हुए।

डॉ. आंबेडकर ने 'गीता' के आधार पर यह कहा कि यदि साध्य उचित व नैतिक है तो हिंसा का मार्ग या साधन भी उस सत्याग्रह को दुराग्रह नहीं ठहरा सकता, और यदि साध्य ही अनुचित है तो अहिंसा को साधन बनाने से वह दुराग्रह सत्याग्रह नहीं हो सकता। उनका यह कथन संभवत: गांधीजी को लक्ष्य करके था। उन्होंने

कहा कि यदि हिंसा का अर्थ मन दुखाना है तो गांधीजी की अहिंसा हिंसा ही है। उनकी दृष्टि में अहिंसा के तत्त्व का सर्वत्र पालन संभव नहीं है। यथाशक्य अहिंसा का पालन व जरूरत पड़ने पर हिंसा को वे उचित समझते थे।

सत्याग्रहियों को सावधान करते हुए उन्होंने कहा कि यह सत्याग्रह अंततः सरकार के विरुद्ध होगा। सरकार यदि चाहे तो अस्पृश्यता का प्रश्न चुटकियों में हल हो सकता है, परंतु सरकार के निषेधाज्ञा लागू करते ही यह सत्याग्रह सरकार के विरुद्ध हो जाएगा। तब जेल जाने के लिए तैयार रहना होगा। सरकार कितने लोगों को कितने दिनों तक जेल में रखेगी। सत्याग्रह असफल होने पर भी अछूतों को नुकसान नहीं होगा, उन्हें पता चल जाएगा कि हिंदू धर्म पत्थर का धर्म है।

इस समय तक डॉ. आंबेडकर के मन में धर्म-परिवर्तन का विचार आ चुका था। उन्होंने कहना आरंभ कर दिया था कि यदि अस्पृश्यता का उन्मूलन नहीं किया गया तो हमें धर्म-परिवर्तन कर लेना चाहिए। पर अभी उनके मन में आशा थी कि सवर्ण अपनी गलती स्वीकार कर अछूतों को अपना लेंगे।

वे कहते थे कि जो धर्म मनुष्य-मनुष्य में भेद करता है, करोड़ों निरपराध लोगों के प्रति अपराधी से भी बुरा व्यवहार कराता है, वह धर्म कैसा? अस्पृश्यता ने अछूतों के अभ्युदय का मार्ग पूरी तरह बंद कर रखा है। वे न शिक्षा ग्रहण कर सकते हैं और न प्रतिष्ठित धंधे कर सकते हैं। अस्पृश्यता गुलामी है। गुलामी और धर्म परस्पर विरोधी बातें हैं। अस्पृश्यता से न केवल अछूतों का, अपितु सवर्णों का भी अपरिमित नुकसान हुआ है; क्योंकि अछूत यदि मुक्त हुए तो वे इस देश की उन्नति में सहभागी होंगे। वे अछूतोद्धार को अछूतों का ही उद्धार नहीं, हिंदू धर्म का उद्धार भी कहते थे। उनकी दृष्टि में यह एक राष्ट्रकार्य था।

आंबेडकर से प्रभावित होकर अन्य लोग भी अछूतोद्धार के लिए आगे आए। उनमें लोकमान्य तिलक के सुपुत्र श्रीधर पंत का नाम विशेष उल्लेखनीय है। वे आंबेडकर के स्नेही मित्र थे व पुरोगामी विचारों के थे। उन्होंने केशरी के सूत्रधारों का विरोध करके, अछूतों के तरुण नेता राजभोज के श्रीकृष्ण मेले का कार्यक्रम गायकवाड़ वाड़े में रखा, जिसमें सवर्णों ने अछूतों की पिटाई की।

श्रीधर पंत अपने विचारों को अमली जामा पहनाते थे, इसलिए पूना के अछूतों ने उनका अभिनंदन किया। अछूत विद्यार्थियों की सभा में राजभोज, डॉ. सोलंकी, डॉ. आंबेडकर आदि के साथ श्रीधर पंत ने भी भाषण दिया। परंतु सवर्णों के हठी व्यवहार के कारण उन्होंने आत्महत्या कर ली और हत्या के पूर्व डॉ. आंबेडकर को अपने कार्य में सफलता के लिए बधाई-पत्र लिखा। ऐसे ही एक सहृदय थे डॉ. हैराल्ड एच. मैन।

इसी बीच अमरावती के अंबादेवी के मंदिर में प्रवेश के लिए अछूतों ने योजना बनाई। इसकी पूर्वसूचना भी मंदिर के अधिकारियों को दी गई, परंतु पंजाबराव देशमुख और गवई जैसे नेता के होते हुए भी वह योजना कार्यान्वित नहीं हो सकी। अतः उसे कार्यान्वित करने के लिए अमरावती में डॉ. आंबेडकर की अध्यक्षता में एक सभा आयोजित की गई। इसमें अनेक लोगों के ओजस्वी भाषण हुए। डॉ. आंबेडकर ने कहा, "अछूत केवल देवता की पूजा नहीं करना चाहते, जो उनके लिए अलग मंदिर बनाए जाएँ। प्रश्न समानता का है। वे यह सिद्ध करना चाहते हैं कि उनके प्रवेश से देवालय भ्रष्ट नहीं होता। एक धर्म का मंदिर सभी अनुयायियों के लिए होना चाहिए। हिंदुत्व की प्राण-प्रतिष्ठा अछूतों ने भी की है।"

अमरावती के अंबा मंदिर में प्रवेश के लिए जो सत्याग्रह निश्चित किया गया था, इस सभा में उसे तीन

महीने के लिए स्थगित कर दिया गया। जब डॉ. आंबेडकर अमरावती में सभा की कार्यवाही के लिए उपस्थित थे, उसी दौरान उनके भाई बालाराम की मुंबई में मृत्यु हो गई। यह समाचार सुनकर भी डॉ. आंबेडकर धैर्यपूर्वक सभा की कार्यवाही करते रहे। उन्हें सभा में ही तार द्वारा सूचना मिली थी। बालाराम फौज में बैंड बजाते थे। उनकी शिक्षा पाँचवीं-छठी तक हुई थी; पर स्वाध्याय का उन्हें भी शौक था। लेकिन उन्हें शराब पीने की भी बुरी लत थी। डॉ. आंबेडकर की विदेश-यात्रा के दौरान वे रमाबाई की सहायता किया करते थे। बाद में अलग रहने लगे थे। मृत्यु के समय उनकी केवल एक विवाहिता पुत्री सखुबाई तांबुसकर थी। अन्य पुत्र व पत्नी दिवंगत हो चुके थे।

महाड़ सत्याग्रह का दिन जैसे-जैसे पास आता जा रहा था, वैसे-वैसे वातावरण संतप्त होता जा रहा था। वीरेश्वर मंदिर में सनातनी लोग सत्याग्रह को विफल करने की योजना बनाने में संलग्न थे। जिलाधीश ने स्थिति की नाजुकता को देखकर चर्चा द्वारा उसे समाप्त करने का प्रयास किया। न्यायालयी निर्णय होने तक सत्याग्रह पर रोक लगा दी गई।

परंतु सत्याग्रही अपने निश्चय पर दृढ़ थे। उन्होंने फत्तेखान नामक एक मुसलमान की जगह अधिवेशन के लिए किराए पर ली। दस दिनों तक के लिए अनाज बाहर से खरीदा। अनंतराव चित्रे व सूबेदार घाटगे इसके लिए प्रयत्नशील थे।

19 दिसंबर, 1927 से ही जिलाधीश व पुलिस तालाब के चारों ओर धरना देकर बैठे थे। 24 दिसंबर को नासिक से भाऊराव गायकवाड़, पूना से राजभोज, सीताराम पंत शिवतरकर, गं.नी. सहस्रबुद्धे आदि महाड़ पहुँचे। जिलाधीश ने डॉ. आंबेडकर से सत्याग्रह वापस लेने के लिए कहा। 25 दिसंबर को अधिवेशन में अनेक भाषण व प्रस्ताव पारित हुए। 'मनुस्मृति' को जलाने का निर्णय भी लिया गया। रात नौ बजे 'मनुस्मृति' का दहन किया गया। यह हिंदू समाज की विषमता का प्रतीकात्मक विरोध था।

सत्याग्रह करने के पूर्व डॉ. आंबेडकर ने लोगों को भावी कठिनाइयों की जानकारी दी। प्राणों की बाजी लगाने के लिए तैयार होने पर ही सत्याग्रह करना उचित बताया। चार हजार लोग सत्याग्रह करने के लिए तैयार हो गए, परंतु जिलाधिकारी ने कहा कि न्यायालय का निर्णय होने तक सत्याग्रह रोक दिया जाए।

अंततोगत्वा सत्याग्रह स्थगित कर दिया गया। लोग निराश हो गए। उनकी निराशा को दूर करने के लिए बाबा साहब ने एक भाषण दिया और कहा कि आप जैसे शूर लोगों के समाज की उन्नति अवश्यंभावी है, परंतु इस शक्ति का उपयोग हम समय आने पर करेंगे। अभी सत्याग्रह करना सवर्णों के विरुद्ध सत्याग्रह न होकर सरकार के विरुद्ध सत्याग्रह होगा। न हम सरकार से डरे हैं और न इससे अपना कोई अपमान हुआ है। महाड़ तालाब के चारों ओर जुलूस निकालकर अधिवेशन समाप्त कर दिया गया। इस जुलूस में नारे और जय-जयकार से महाड़ गूँज उठा। इसी महाड़ में उन्होंने अछूत महिलाओं को भी संबोधित किया। इस प्रकार डॉ. आंबेडकर अछूतों के अनभिषिक्त राजा बन गए थे।

राजनीति में प्रवेश

मुंबई विधानसभा के सदस्य बनकर उन्होंने राजनीति में प्रवेश किया। इस दौरान वे गरीबों की उन्नति में लगे रहे। उन्होंने स्त्री मजदूरों को प्रसूति अवकाश देने के संबंध में विधेयक प्रस्तुत किया। इसे उन्होंने राष्ट्रीय

हित का कार्य कहा। वह वतनदार महार के विषय में विधेयक को पारित कराने के लिए भी प्रयत्नशील रहे, परंतु सवर्णों व मुसलमानों ने कोई साथ नहीं दिया, अत: निराश होकर विधेयक वापस लेना पड़ा।

1928 में नेहरू समिति ने संविधान का प्रारूप बनाया। इसमें सभी पक्षों के सदस्यों को बुलाया गया, लेकिन दलित वर्ग की किसी संस्था के प्रतिनिधि को आमंत्रित नहीं किया गया। इसमें मुसलमानों के लिए नवीन प्रांत बनाने की सिफारिश की गई थी। इस विषय में डॉ. आंबेडकर ने कहा, ''हमपर हिंदू समाज का रोष है। अब मेरे विरोध से मुसलमान भी नाराज होंगे; किंतु जो बात देश के लिए अकल्याणकर है वह हमारे लिए भी अकल्याणकर है। अत: हमें जोखिम उठाकर भी कहना है कि इससे हिंदू और हिंदुस्तान दोनों को धोखा है।''

उन दिनों जगह-जगह 'साइमन कमीशन' का विरोध हो रहा था। साइमन कमीशन के विरोध-प्रदर्शन में देशभक्त लाला लाजपतराय का निधन हो गया था, परंतु डॉ. आंबेडकर अपनी समस्याओं को लेकर साइमन से मिले, जिसके कारण उन्हें अंग्रेजों का पिट्ठू, विश्वासघाती, देशद्रोही आदि विशेषण दिए गए। उन्होंने एक शासकीय विधि महाविद्यालय में प्राध्यापक का पद स्वीकार कर लिया था। उन विद्यार्थियों ने भी उनका तिरस्कार किया।

साइमन कमीशन से दलितों की अठारह संस्थाओं के प्रतिनिधियों ने भेंट की। उनमें से सोलह ने पृथक् व स्वतंत्र मतदार (निर्वाचन) संघ की माँग की। डॉ. आंबेडकर ने बहिष्कृत हितकारिणी सभा की ओर से एक सौ चालीस में से बाईस स्थानों की माँग की। परंतु साइमन कमीशन ने दलित वर्ग के लिए पृथक् मतदार (निर्वाचन) संघ स्वीकार नहीं किया, जबकि मुसलमानों के लिए पृथक् मतदार (निर्वाचन) संघ स्वीकार कर लिया गया। इस समिति की अनेक सिफारिशों पर डॉ. आंबेडकर ने अपनी दूरदर्शितापूर्ण टिप्पणियाँ कीं। भाषावार प्रांतों की रचना के विषय में उन्होंने कहा, ''आज राष्ट्र को यदि किसी चीज की सबसे अधिक आवश्यकता है, तो राष्ट्रीय एकता की। 'हम पहले भारतीय हैं, फिर हिंदू, मुसलमान, सिंधी या कन्नड़ हैं'—यह कहने की अपेक्षा 'हम पहले भी भारतीय हैं और बाद में भी भारतीय हैं'—यह कहा जाना चाहिए। ऐसी सभी बातों को टालना चाहिए, जिनसे प्रांताभिमान और संप्रदायाभिमान बढ़े।''

सिंध प्रांत के विभक्तीकरण में जो चाल थी, उसे पहचानकर उन्होंने कांग्रेसी राष्ट्रीय मुसलमान नेता मौलाना आजाद का भाषण उद्धृत किया, जो उन्होंने मुसलिम लीग की बैठक में दिया। उन्होंने कहा, ''हिंदुओं के नौ प्रांतों में मुसलमानों के साथ जो व्यवहार होगा, वही व्यवहार मुसलमानी पाँच प्रांतों में हिंदुओं के साथ किया जाएगा। मुसलमानों के हाथों में यह एक शस्त्र है। यह हिंदू-मुसलमानों को लड़ाकर शांति बनाए रखने का मार्ग है।''

उन्होंने मुसलमानों के स्वतंत्र मतदार संघ का विरोध किया। उन्होंने यूरोप के उदाहरण दिए, जहाँ मुसलमान अल्प या बहुसंख्या में हैं; पर दोनों ही स्थितियों में वहाँ स्वतंत्र मतदार संघ नहीं हैं।

दलितों में शिक्षा का प्रसार

14 जून, 1928 को उन्होंने बहिष्कृत हितकारिणी सभा के कार्यकारी मंडल की बैठक बुलाई और उसे भंग कर, दो पृथक् संस्थाएँ आरंभ करने का निर्णय लिया—भारतीय बहिष्कृत समाज शिक्षण प्रसारक मंडल तथा भारतीय बहिष्कृत समाज सेवा समिति। पहली संस्था द्वारा दलितों में शिक्षा का प्रसार करने के लिए स्कूल

खोले जाने थे। इसके लिए सरकार से मदद माँगी गई। सरकार ने पाँच स्कूलों की अनुमति दी तथा नौ हजार रुपए वार्षिक अनुदान दिया। यह अनुदान बहुत कम था, अत: डॉ. आंबेडकर ने विभिन्न स्थानों से अनुदान लिया। पाठशालाओं में दलितों को इतर हिंदुओं के साथ बैठने का अधिकार दिलाने के लिए अथक प्रयत्न किया। इसमें उन्हें सफलता भी मिली।

भारतीय बहिष्कृत समाज सेवा समिति के प्रमुख कार्यवाहक सीताराम पंत शिवतरकर तथा अध्यक्ष बाबा साहब आंबेडकर थे। यह समिति अस्पृश्यों के साथ हुए अन्याय की पुलिस व संबंधित विभाग में शिकायत करती थी। इसके साथ-साथ दलितों को नौकरी दिलाने, दलितों के लिए स्वतंत्र मतदान संघ के विषय में जानकारी देने आदि का कार्य करती थी।

डॉ. आंबेडकर ने जगह-जगह दलितों के अधिवेशन आयोजित किए। दलितों में जागृति के लिए भाषण दिए। इससे सवर्ण हिंदू व सरकार भी कुछ सचेत होने लगी थी।

कालाराम मंदिर में प्रवेश

डॉ. आंबेडकर ने 2 मार्च, 1930 को नासिक के कालाराम मंदिर में प्रवेश के लिए लड़ाई शुरू की। इसी वर्ष गांधीजी ने दांडी यात्रा की। उनकी लड़ाई अन्यायी ब्रिटिश सरकार के विरुद्ध थी, आंबेडकर की लड़ाई अन्यायी सनातनी ब्राह्मण सत्ता के विरुद्ध थी। एक राजनीतिक गुलामी थी, दूसरी सामाजिक गुलामी। नासिक प्रवेश के सत्याग्रह के लिए महाराष्ट्र, कर्नाटक व गुजरात से लगभग पंद्रह हजार सत्याग्रही अपने नेता की एक आवाज पर एकत्रित हो गए।

इस दिन सभा हुई। फिर शांत जुलूस, जो मील-भर लंबा था, कालाराम मंदिर पहुँचा। मंदिर के सभी दरवाजे बंद थे। अत: जुलूस गोदावरी के घाट पर पहुँचा। वहाँ सभा हुई। दूसरे दिन मंदिर के सभी दरवाजों पर सत्याग्रह करना निश्चित हुआ। बारी-बारी से लोग मंदिर के दरवाजों पर धरना दिए बैठे थे। जिलाधीश ने मंदिर से बहुत दूर तक लकड़ी, पत्थर या अन्य हथियार लाने पर पाबंदी लगा दी थी।

सत्याग्रह का परिणाम यह हुआ कि राम के दर्शन स्पृश्य-अस्पृश्य दोनों के लिए बंद हो गए। सत्याग्रह 9 अप्रैल अर्थात् सवा महीने तक चालू रहा। रामनवमी आ गई, रथयात्रा निकाली जानी थी। विवश होकर यह समझौता करना पड़ा कि दलितों को भी रथ खींचने का अवसर प्राप्त होगा। परंतु रथयात्रा के अवसर पर सवर्ण लोग रथ दूसरे रास्ते से ले गए। यह रास्ता सँकरा था। दोनों ओर काँटेदार फेंसिंग थी। बंदूकधारी पुलिस वहाँ नियुक्त थी। अस्पृश्य कार्यकर्ता रथ के पीछे दौड़े। लोगों ने उनपर पत्थरों की वर्षा शुरू कर दी। आंबेडकर के सहयोगियों ने छाता लगाकर पत्थरों से उनका बचाव किया। भास्करराव कद्रेकर रक्त से सनकर बेहोश हो गया। अन्य लोग भी चोटिल हो गए। शहर में भी मारामारी हुई।

मंदिर-प्रवेश सत्याग्रह का परिणाम यह हुआ कि अछूतों के लिए स्कूल, यहाँ तक कि बाजार में सामान मिलना भी बंद हो गया। व्यापारियों ने 'तुम्हारा दिमाग चढ़ गया है, उसका फल भोगो' कहकर तिरस्कार किया। उनके भूखे मरने की नौबत आ गई। शंकराचार्य कुर्तकोटि व मुंजे आदि ने सवर्णों के हृदय-परिवर्तन करने के लिए समय माँगा; किंतु कोई असर नहीं हुआ और यह लड़ाई 1935 तक चालू रही।

किसानों और मजदूरों की समस्याओं पर भी उन्होंने विचार किया। किसानों को जमींदारों के चंगुल से

बचने के लिए उन्होंने स्थलांतर करने की सलाह दी। कम्यूनिस्ट कार्य-पद्धति से उनका विरोध था।

गोलमेज परिषद् में प्रतिनिधित्व

साइमन कमीशन ने भारतीयों की स्वराज्य की माँग पर विचार करने के लिए भारत के विभिन्न पक्षों के प्रतिनिधियों को बुलाया। उसमें डॉ. आंबेडकर व मद्रास के रावबहादुर निवासन अछूतों के प्रतिनिधि के रूप में आमंत्रित किए गए। किसी अछूत नेता को भारतीय इतर नेताओं के साथ आमंत्रित किए जाने की यह पहली घटना थी।

इस परिषद् में डॉ. आंबेडकर ने अछूतों की स्थिति पर प्रकाश डालनेवाला सारगर्भित व प्रभावशाली भाषण दिया। इसमें बीकानेर, भोपाल, पटियाला आदि रियासतों के राजा उपस्थित थे। बड़ौदा महाराज गायकवाड़ डॉ. आंबेडकर का भाषण सुनकर अत्यंत प्रसन्न हुए।

यह परिषद् विफल हुई। इसका कारण था मुसलमान नेता जातीय भावनाओं से ग्रस्त रहे। वे हिंदू बहुसंख्यक प्रांतों में मुसलमानों के लिए जो सुविधाएँ चाहते थे, वे ही सुविधाएँ बहुसंख्यक मुसलमान प्रांतों में हिंदुओं को देना नहीं चाहते थे।

आंबेडकर का महत्त्वपूर्ण कार्य यह रहा कि उन्होंने भारत के भावी संविधान में अस्पृश्यता निवारण की योजना बनाई। अपने इस घोषणा-पत्र को प्रकाशित किया। इस घोषणा-पत्र की प्रतियाँ भारत-भर में अपने अनुयायियों के पास भेजीं और उसमें इसके समर्थन में अधिक-से-अधिक तार ब्रिटिश प्रधानमंत्री को करने के लिए कहा। अनुयायियों ने उनका आदेश मानकर तारों की बरसात कर दी।

अछूतों के प्रश्न को हल करने के लिए उन्होंने दिन-रात एक कर दिया। ब्रिटिश लोकसभा के कुछ सदस्यों की एक सभा में उन्होंने अछूतों की समस्याओं की जानकारी दी। अनेक देशों के अखबारों में लेख लिखे। इसका परिणाम यह हुआ कि दुनिया को यह जानकारी मिली कि भारतीय अछूतों की स्थिति नीग्रो लोगों से भी अधिक खराब है।

अपनी इस व्यस्तता में भी उन्होंने पुरानी किताबों की दुकानों से चुन-चुनकर तीन-चार पेटी किताबें खरीदीं। जब वे लंदन में थे, तभी उन्हें यह मालूम हुआ कि महाड़ के चवदार तालाब के मुकदमे का निर्णय अछूतों के पक्ष में हुआ। दूसरे, उन्हें मुंबई विधानसभा में सदस्यत्व प्राप्त हुआ। तीसरे, आंबेडकर के आदेशानुसार देवराव नाईक व भास्करराव कद्रेकर ने 'जनता' नामक पाक्षिक की शुरुआत की। 'मूकनायक', 'बहिष्कृत भारत' और 'समता' के पश्चात् यह चौथा पत्र था। यद्यपि चारों का ध्येय एक ही था। गोलमेज परिषद् अछूतों की आवाज की दृष्टि से सफल रही। इसके द्वारा आंबेडकर ने उनके प्रश्न को दुनिया के समक्ष रखा।

27 फरवरी को जब वे मुंबई पहुँचे, समाज समता दल के दो हजार स्वयंसेवकों ने बड़े उत्साह से उनका स्वागत किया।

द्वितीय गोलमेज परिषद् में प्रतिनिधित्व

गोलमेज परिषद् के दूसरे अधिवेशन में भी आंबेडकर ने प्रतिनिधित्व किया। इस समय उन्हें संविधान-समिति के लिए चुना गया। गांधीजी का गोलमेज परिषद् में जाना अभी अनिश्चित था। उन्होंने आंबेडकर को

बुलाया। आंबेडकर ने पूछा कि अछूतों को स्वतंत्र घटक मानकर उन्हें प्रतिनिधित्व देने के विषय में आपका क्या मत है?

गांधीजी ने कहा, ''मैं अछूतों को हिंदू समाज का अभिन्न अंग मानता हूँ, उन्हें आरक्षित जगह देने के भी विरुद्ध हूँ।'' आंबेडकर को गांधीजी की यह विचारधारा पसंद नहीं आई।

इस परिषद् में महात्मा गांधी उपस्थित थे। महात्मा गांधी ने कांग्रेस को सभी धर्मों, सभी जातियों और सभी वर्गों की एकमात्र प्रतिनिधि संस्था कहा। गांधीजी और आंबेडकर में इस मुद्दे को लेकर विवाद था। गांधीजी का विरोध करने के कारण आंबेडकर को असभ्य, ब्रिटिशों का पिट्ठू, देशद्रोही आदि कहा गया।

गांधीजी जब मुंबई लौटे तो उन्हें आठ हजार अछूतों ने काले झंडे दिखाए।

डॉ. आंबेडकर अमेरिका होते हुए 15 जनवरी को लौटे। उनका गगनभेदी नारों से स्वागत किया गया। समता सैनिक दल ने उन्हें सलामी दी। उनके साथ आ रहे शौकत अली का स्वागत मुसलमानों ने किया। दोनों की संयुक्त स्वागत-यात्रा भायखला तक आई, फिर वहाँ से डॉ. आंबेडकर का स्वागत जुलूस उनके घर परल तक पहुँचा। एक सौ चौदह संस्थाओं ने मानपत्र देकर उनका स्वागत किया। सावरकर ने भी उनका अभिनंदन किया।

मतदान का अधिकार निश्चित करने के लिए लोथियन समिति का गठन हुआ था। इस समिति के कार्य में भाग लेने के लिए वे दिल्ली पहुँचे। साइमन कमीशन से डॉ. आंबेडकर ने जो निवेदन दिया था, उसमें उन्होंने संयुक्त मतदार संघ व आरक्षित स्थानों की माँग की थी और मुसलमानों के स्वतंत्र मतदार संघ का तीव्र विरोध किया था, परंतु जब गांधीजी ने अछूतों के लिए आरक्षित स्थानों का विरोध किया तो वे स्वतंत्र मतदार संघ की ओर मुड़ गए। इस समिति के सामने उन्होंने अछूतों के सामाजिक बहिष्कार को अपराध घोषित करने की सिफारिश की।

पूना समझौता

गांधीजी ने स्वतंत्र मतदार संघ के विरोध में आमरण अनशन शुरू कर दिया। गांधीजी के प्राण बचाने के लिए पं. मदनमोहन मालवीय ने 19 सितंबर को एक पत्रक प्रकाशित किया। आंबेडकर अब एक महत्त्वपूर्ण व्यक्ति हो गए थे। उन्होंने स्पष्ट कहा, ''मैं अछूतों के अधिकारों में कमी करने के लिए तैयार नहीं हूँ।''

गांधीजी और आंबेडकर की परस्पर चर्चा में गांधीजी ने कहा, ''मैं सभी आरक्षित जगहों पर पेनल पद्धति मानता हूँ। हम सब एक, अभंग व अविभाज्य हैं।'' आंबेडकर ने इसे मान लिया।

इस बीच महात्मा गांधी की तबीयत बहुत चिंताजनक हो गई। उनके पुत्र देवीदास ने समझौते पर हस्ताक्षर करने में विलंब न करने की प्रार्थना की। आंबेडकर जब गांधीजी से मिलने येरवडा के कारागृह में पहुँचे, तब गांधीजी की आवाज अत्यंत क्षीण हो चुकी थी। आंबेडकर भी इस दौरान अत्यंत मानसिक तनाव में रहे। एक ओर वे बड़ी मुश्किल से मिले अछूतों के अधिकारों को छोड़ना नहीं चाहते थे, दूसरी ओर महात्मा गांधी के प्राणों की क्षति में भी स्वयं निमित्त नहीं बनना चाहते थे। हत्या की धमकी-भरे पत्र उन्हें मिल ही रहे थे। शुक्रवार की गंभीर व भीतिदायक रात कट गई। शनिवार को फिर चर्चा शुरू हुई। अंत में एक समझौता हुआ, जिसमें अछूतों को आरक्षित स्थान देने पर सहमति हुई। इस समझौते पर अस्पृश्यों की ओर से आंबेडकर ने और

सवर्णों की ओर से मदनमोहन मालवीय ने हस्ताक्षर किए। हस्ताक्षर करनेवालों की एक लंबी सूची थी। यही समझौता 'पूना समझौता' के नाम से प्रसिद्ध हुआ। 26 सितंबर को ब्रिटिश लोकसभा में इसे मंजूर किया गया। कांग्रेस को भी अछूतों के नेता के रूप में डॉ. आंबेडकर को ही मान्यता देनी पड़ी।

पहले अछूतों को केवल 71 आरक्षित स्थान मिले थे, अब उनकी जगह 148 स्थान मिल रहे थे। पहले उन्हें सवर्ण हिंदुओं के प्रतिनिधि चुनने का भी अधिकार था। लेकिन अब उन्हें यह दोहरा मताधिकार छोड़ना पड़ा। इस प्रकार सवर्ण हिंदू नेताओं को अपनी ओर झुकाने की शक्ति उन्हें खोनी पड़ी।

मंदिर-प्रवेश की लड़ाई के प्रति अनास्था

पूना समझौते का परिणाम यह हुआ कि अछूतों के लिए खुलनेवाले मंदिरों की संख्या में बाढ़ आ गई। टूटे-फूटे अस्तित्व न रखनेवाले मंदिरों की सूची प्रकाशित होने लगी। गांधीजी के विचारों में भी परिवर्तन हुआ। गांधीजी ने जनवरी 1933 तक सारे मंदिर खोल देने का आश्वासन दिया।

परंतु अब आंबेडकर की मंदिर-प्रवेश के प्रति अनास्था हो गई। मंदिर-प्रवेश का आंदोलन भी उन्होंने समता के अधिकार के लिए किया था। अब उनका मानना था कि राजनीतिक अधिकारों की प्राप्ति से ही अछूतों के जीवन का उद्धार संभव है। दलित आंदोलन के एक केंद्रस्थान के रूप में एक भवन-निर्माण करने के लिए उन्होंने दो लाख रुपए एकत्रित करने का निश्चय किया।

गांधीजी से अस्पृश्यता विध्वंसक मंडल के संबंध में चर्चा करते हुए उन्होंने कहा, "सहभोजन और मंदिर-प्रवेश के कार्यों में शक्ति लगाने की अपेक्षा अछूतों की आर्थिक, शैक्षणिक व सामाजिक उन्नति की ओर ध्यान देना चाहिए। जब तक मुझे यह निश्चय नहीं हो जाता कि यह संस्था अछूतों की राजनीतिक आकांक्षाओं और अधिकारों को क्षति नहीं पहुँचाएगी तब तक मैं इसका सदस्य नहीं बनूँगा।"

मुंबई की एक सभा में उन्होंने कहा कि सहभोजन और मंदिर-प्रवेश से मेरा विरोध नहीं है, किंतु इससे राजकीय अधिकार प्राप्त नहीं हो सकते। आगे कोई भी कानून अछूतों की सम्मति के बिना नहीं बनेंगे। यह एक सामाजिक क्रांति है। अन्यत्र भी उन्होंने मंदिर-प्रवेश आंदोलन को ढलान के पानी के समान बताया और कहा कि आर्थिक गुलामी नष्ट कर समानता की नींव पर सामाजिक दर्जा प्राप्त करना ही हमारा उद्देश्य है।

तृतीय गोलमेज परिषद् में प्रतिनिधित्व

गोलमेज परिषद् का तीसरा अधिवेशन योजनानुसार पूर्ण हुआ। दोनों परिषदों की पूरक थी यह परिषद्। प्रौढ़ मताधिकार को इसमें अव्यवहार्य माना गया। स्त्रियों को कुछ प्रमाण में मताधिकार दिया गया। रियासतों के राजाओं का उत्साह ठंडा पड़ गया था। वे अपने राजसी ठाटबाट कायम रखना चाहते थे। मुसलमानों का मनचाहा प्रतिनिधित्व स्वीकार कर लिये जाने पर भी उनके प्रतिनिधि हिंदू प्रतिनिधियों से उखड़ा-उखड़ा व्यवहार कर रहे थे। उस समय सर्वत्र निरुत्साह का वातावरण था। मुसलमान अपनी अनास्था प्रकट कर रहे थे, अत: भारत की स्वतंत्रता का ध्येय अभी दूर ही था।

भारत लौटने पर गांधीजी ने आंबेडकर को मिलने के लिए आमंत्रित किया। आंबेडकर गांधीजी द्वारा स्थापित अस्पृश्यता निवारक मंडल के नाममात्र के सदस्य थे। बाद में गांधीजी ने इसका नाम 'हरिजन सेवक

संघ' रखा तो उन्होंने उससे संबंध तोड़ लिया। आंबेडकर की गांधीजी द्वारा आरंभ अछूतोद्धार के कार्यों में आस्था नहीं थी। उन्हें अब लगने लगा था कि मंदिर-प्रवेश में सफल हो जाने पर अछूत लोग अपनी उसी जीत में मग्न होकर भटक न जाएँ। इसलिए उन्होंने कहा कि ईश्वर की पूजा की अपेक्षा पेट-भर भोजन अधिक जरूरी है। महाड़ और नासिक के सत्याग्रह के कारण ही हमें राजकीय सत्ता प्राप्त हुई है।

बाबा साहब का कहना था कि यह सोचना कि हमारी अधोवस्था का कारण गतजन्म के पाप या ईश्वर है, गलत है। इसका कारण है सवर्णों का स्वार्थ। तुम अपना उद्धार खुद ही कर सकते हो। आगे तुम्हारा भविष्य केवल राजनीतिक अधिकार में है।

इस बीच अनेक घटनाएँ घटीं। पूना समझौते का विरोध भी हुआ। 'जनता' पत्र ने आंबेडकर विशेषांक भी निकाला। चमारों की उपेक्षा करने का आरोप भी उनपर लगा। गोलमेज परिषद् का काम समाप्त होने पर उन्होंने वकालत में ध्यान केंद्रित करने की कोशिश की। 'आर्मी इन इंडिया' ग्रंथ भी लिखना आरंभ किया, जो कभी पूर्ण नहीं हुआ।

राजगृह का निर्माण

अत्यंत कठोर परिश्रम के कारण उनका स्वास्थ्य बिगड़ने लगा था। उन्हें मानसिक विश्रांति की आवश्यकता थी। उन्होंने बोर्डी में विश्राम किया। वहाँ वह संन्यासियों के वेश में रहने लगे। दत्तोबा पवार ने उनके पन्हालगढ़ पर रहने की व्यवस्था की। इस आराम से उन्हें लाभ हुआ। अछूतों के लिए अपने किए गए कामों से उन्हें संतोष का अनुभव हुआ।

वह वकालत की ओर अब तक ठीक ध्यान नहीं दे पाते थे। अब उस ओर ध्यान देने लगे। एक विधि महाविद्यालय में आंशिक अध्यापन का कार्य भी स्वीकार कर लिया। उंनके पास पुस्तकों का संग्रह हो गया था। अत: अब उन्हें एक घर बनाने की सूझी। इसके लिए उन्होंने स्वयं वास्तुशास्त्र विषयक ग्रंथ का अध्ययन किया। कई बार उन्होंने बने हुए हिस्सों को गिरवा दिया। इसका कारण यह था कि वे यूरोप में देखी हुई अनेक इमारतों के समान इमारत बनाना चाहते थे। अंतत: भव्य इमारत तैयार हुई। ऊपर उनका ग्रंथालय बना, नीचे रहने का घर।

धर्मपत्नी का वियोग

इस बीच उनकी पत्नी अत्यधिक बीमार हो गईं। बाबा साहब इतने व्यस्त रहे कि उन्हें अपने परिवार की ओर ध्यान देने का अवसर कभी मिला ही नहीं। उन्हें जलवायु-परिवर्तन के लिए वे एक बार धारवाड़ ले गए थे; लेकिन उनकी तबीयत में कोई सुधार नहीं हुआ। उनकी तबीयत खराब होने का प्रमुख कारण था, पति के अनिष्ट की आशंका में चिंतित रहना। अछूत आंदोलन में सवर्ण उनके विरोधी तथा हिंसक हो उठे थे। इसके लिए वे शक्ति से अधिक उपवास, व्रत करती रहती थीं। उनकी जिंदगी का अधिकांश भाग आर्थिक कष्टों में बीता, जिसकी पूर्ति के लिए शक्ति से अधिक शारीरिक श्रम करने की आवश्यकता हुई। इसके परिणामस्वरूप संभवत: क्षयरोग से पीड़ित हो गईं। छ: महीने बिस्तर पर रहकर दिनोंदिन क्षीण होते हुए 26 मई, 1935 को उनकी मृत्यु हो गई। वे अत्यंत विनम्र, शालीन, संतुष्ट व पतिपरायणा स्त्री थीं। वे पंढरपुर जाना चाहती थीं।

परंतु बाबा साहब जानते थे कि अस्पृश्य होने के नाते पंढरपुर में उनके साथ क्या व्यवहार होता, अतः उन्होंने कहा कि जो पंढरपुर अपने भक्तों को अपने से दूर रखे, उससे क्या! हम दूसरा पंढरपुर निर्मित करेंगे।

पत्नी की मृत्यु के पूर्व बाबा साहब स्वयं अपने स्वास्थ्य की दृष्टि से वसई में सदानंद गालवणकर के यहाँ गए हुए थे। पत्नी की मृत्यु के एक दिन पूर्व ही वे घर पहुँचे। पत्नी की मृत्यु उनके सामने ही हुई थी। अपनी पत्नी के विषय में उन्होंने कहा था, ''विदेश-प्रवास के दौरान रात-दिन जिसने गृहस्थी का बोझ उठाया और आज भी उठा रही है, स्वदेश लौटने पर भी विपन्न अवस्था में गोबर का बोझ सिर पर उठाकर लाने में भी जिसने कोई आनाकानी नहीं की; उस साध्वी, ममतालु व सुशील स्त्री के साथ रहने के लिए मुझे आधा घंटा भी नहीं मिलता।''

धर्म-परिवर्तन का निश्चय

जून महीने में उनकी नियुक्ति विधि महाविद्यालय के प्राचार्य पद पर हो गई, यद्यपि नियुक्ति-पत्र उन्हें पत्नी की मृत्यु के पूर्व ही मिल गया था। उन्हें नौकरी की आवश्यकता थी; क्योंकि राजगृह बनवाने में उनपर कर्ज हो गया था। उन्होंने दत्तोबा पवार से मुकदमा देते रहने के लिए कहा, क्योंकि सोमवार-मंगलवार को उन्हें काफी अवकाश मिलता था। अब वे सरकारी नौकर हो गए थे, अतः राजनीति से हटना अपरिहार्य था।

उनका मन धर्म-परिवर्तन के लिए उत्सुक हो गया था। दस वर्षों तक उन्होंने अछूतों को बराबरी का स्थान दिलाने के लिए प्रयत्न किया। सार्वजनिक जलाशयों, शालाओं पर उनका भी अधिकार सिद्ध करने के लिए, मंदिर-प्रवेश के लिए संघर्ष किया; किंतु सवर्णों का हृदय परिवर्तित नहीं हुआ। अतः उन्हें लगा कि धर्म-परिवर्तन ही इसका निदान हो सकता है। उन्हें लगा कि समानता प्राप्त करने के इस संघर्ष में समय, शक्ति और पैसा व्यर्थ ही व्यय हुआ है। उन्होंने कहा कि अछूतों की अवनति का कारण हिंदू धर्म ही है। अपने विषय में उन्होंने घोषणा की कि ''दुर्भाग्य से मैं हिंदू के रूप में उत्पन्न हुआ हूँ; किंतु मैं हिंदू के रूप में मरूँगा नहीं।'' उन्होंने नासिक का सत्याग्रह भी बंद करने के लिए कहा।

अब आंबेडकर के संघर्ष की दिशा बदल गई थी। अब तक वे हिंदुओं से संघर्ष कर रहे थे और अब पृथक् व स्वतंत्र समाज की स्थापना करना चाहते थे।

धर्म-परिवर्तन की घोषणा के पश्चात् मुसलिम, ईसाई व सिक्ख धर्म-पंथों की ओर से उन्हें आमंत्रण मिलने लगे। बनारस की महाबोधि संस्था ने भी आंबेडकर को अपने अनुयायियों सहित एशिया के महत्त्वपूर्ण धर्म—बौद्ध धर्म—में दीक्षित होने का निमंत्रण दिया।

गांधीजी, सावरकर, डॉ. राजेंद्र प्रसाद व बालकृष्ण देवरुखकर आदि अनेक नेताओं ने भी धर्म-परिवर्तन के उनके निश्चय का विरोध किया। उन्हें धर्म-परिवर्तन से एक ओर उनकी शक्ति कम होने का और दूसरी ओर अन्य धर्म में भी किसी लाभ के मिलने की कोई आशा नजर नहीं आती थी।

आंबेडकर की मुसलिम या ईसाई धर्म पर श्रद्धा नहीं थी। उन्होंने सिक्ख धर्म पर अवश्य विचार किया था। परंतु वह जल्दी ही धर्मांतर के विषय में किसी निर्णय पर नहीं पहुँचे थे।

सन् 1936 में पूना में धर्मांतर के प्रश्न पर विचार करने के लिए एक सभा का आयोजन हुआ। युवा अछूतों की सभा में सब इस बात पर एकमत थे कि शीघ्रातिशीघ्र असंगठित हिंदू धर्म को छोड़ दिया जाए। वे

लोग एक स्वतंत्र और नया धर्म चाहते थे। जो दलित नेता पहले धर्मांतर के विरोधी थे, वे अब धर्मांतर के पक्ष में थे। इसका कारण संभवत: यह था कि धर्मांतर का अर्थ था मुसलमान या ईसाई होना, जिसके लिए वे तैयार नहीं थे। स्वतंत्र और नए धर्म की कल्पना उन्हें मान्य थी। इसी समय एक साक्षात्कार में डॉ. आंबेडकर ने कहा कि वे धर्म-परिवर्तन करेंगे, यह निश्चित है, भले ही लोग उनका साथ दें या न दें। यद्यपि धर्मांतर से सारे कष्ट दूर होने के भ्रम में वे नहीं थे। वे जानते थे कि कहीं भी जाएँ, उन्हें अपने अधिकारों के लिए संघर्ष करना ही होगा। यदि हिंदू धर्म सामाजिक समानता प्रदान करता तो धर्म-परिवर्तन का प्रश्न उपस्थित नहीं होता; पर ऐसा नहीं हुआ।

जाति-निर्मूलन पुस्तिका

जनवरी 1936 में लाहौर में जाति-पाँत तोड़क मंडल का वार्षिक अधिवेशन था, जिसमें डॉ. आंबेडकर को अध्यक्ष पद के लिए आमंत्रित किया गया था। परंतु इस अधिवेशन के लिए अनेक लोगों को आंबेडकर जैसे हिंदू धर्म द्वेषी को अध्यक्ष पद दिया जाना स्वीकार नहीं हुआ। परिणामत: मार्च में यह निर्णय लिया गया कि यह अधिवेशन मई में हो। इस बीच आंबेडकर को आमंत्रित करनेवाले अनेक सदस्यों को इस मंडल से अपना संबंध तोड़ लेना पड़ा।

इस बीच डॉ. आंबेडकर अमृतसर में सिक्ख सम्मेलन में भाग लेने पहुँचे। इस सम्मेलन में पंजाब, उत्तर प्रदेश, मध्य प्रदेश के साथ केरल तक से प्रतिनिधि पहुँचे थे। यहाँ भी उन्होंने अपनी हिंदू धर्म त्यागने की प्रतिज्ञा दोहराई। उन्होंने सिक्ख धर्म के सामाजिक समता के सिद्धांत को मान्य किया। आंबेडकर का सिक्ख सम्मेलन में भाग लेना जाति-पाँत तोड़क मंडल को पसंद नहीं आया। उन्होंने डॉ. आंबेडकर से वेद, स्मृति के विषय में किए गए कटु उल्लेखों को निकाल देने की प्रार्थना की, जो डॉ. आंबेडकर को मान्य नहीं हुई। अपने इस भाषण में उन्होंने लिखा कि हिंदू के रूप में यह मेरा अंतिम अध्यक्षीय भाषण है। इन सब कारणों से जाति-पाँत तोड़क मंडल को आंबेडकर अध्यक्ष रूप में अमान्य रहे। अत: आंबेडकर ने अपने इस भाषण को जाति-निर्मूलन नामक पुस्तिका के रूप में प्रकाशित किया।

इसके अनुसार आरंभ में भारतीय समाज में वर्ण-व्यवस्था जाति पर आधारित नहीं थी। परंतु आधुनिक वर्ण-व्यवस्था श्रम का ही विभाजन नहीं करती, श्रमिकों का भी विभाजन करती है। इस व्यवस्था के कारण शूद्र शास्त्र व शस्त्र दोनों से रहित, निर्बल व पंगु हो गए। जाति-व्यवस्था ने मनुष्य की निष्ठा को जाति तक सीमित कर दिया है। वह हिंदुओं के विनाश का कारण सिद्ध हुई है।

हिंदू समाज की पुनर्रचना के लिए जातियों का निर्मूलन कर देना चाहिए—यह इस पुस्तक का मथितार्थ था। जाति-निर्मूलन की आवश्यकता महात्मा ज्योतिबा फुले, स्वामी श्रद्धानंद, राजा राममोहन राय, लाला लाजपतराय, वीर सावरकर आदि भी कर चुके थे।

मुंबई में महार परिषद्

धर्मांतर के विषय में महार जाति कहाँ तक अनुकूल है—यह परीक्षा करने के लिए उन्होंने मुंबई में एक अधिवेशन आयोजित किया, जिसमें स्टॅनले जोन्स यूरोपियन पादरी आमंत्रित थे। मंच पर अनेक सिक्ख

व मुसलमान नेता उपस्थित थे। इस अधिवेशन के लिए डॉ. आंबेडकर ने पचास पन्नों का छपा हुआ भाषण तैयार किया था। उन्होंने कहा, ''महारों का यह अधिवेशन उनकी इच्छा जानने के लिए आयोजित किया गया है। अन्य अछूतों को भी पृथक् अधिवेशन बुलाकर अपनी इच्छा जाहिर करना उचित होगा। आपके पास गँवाने के लिए कुछ भी नहीं है। धर्मांतर करने से आप केवल अपनी बेड़ियाँ ही गँवाएँगे। यह धर्मांतर आपके ऐहिक व आध्यात्मिक उत्कर्ष के लिए होगा। सामाजिक, राजनीतिक व आध्यात्मिक सभी दृष्टियों से लाभदायक है। मैं धर्मांतर इसलिए आवश्यक समझता हूँ, क्योंकि हिंदू धर्म मेरी बुद्धि, मेरी श्रद्धा को अमान्य है।''

'धर्म मनुष्य के लिए है, मनुष्य धर्म के लिए नहीं।' कहते हुए आंबेडकर ने हिंदू देवताओं की पूजा, हिंदू त्योहारों व हिंदुओं के तीर्थों की यात्रा करने को मना किया। इस अधिवेशन में यह प्रस्ताव पारित हुआ कि हम सामूहिक रूप से धर्मांतर करने के लिए तैयार हैं। इस अवसर पर महार साधुओं ने भी हिंदू धर्म छोड़ने का संकल्प लिया।

अब आंबेडकर धर्म-परिवर्तन के लिए धर्म का चुनाव करने में लगे। उन्होंने अपने पुत्र यशवंत और भतीजे मुकुंद को अमृतसर के एक गुरुद्वारे में भेजा, जहाँ एक महीने तक उनका खूब आतिथ्य हुआ।

लोकनाथ नामक एक इटालियन बौद्ध ने उनसे भेंट कर बौद्ध धर्म स्वीकारने का आग्रह किया। उन्होंने अनेक नेताओं से इस विषय में चर्चा की, उन्होंने मन-ही-मन सिक्ख धर्म स्वीकार करने का निश्चय कर लिया था। कुछ मित्रों ने कहा कि सिक्ख धर्म हिंदू धर्म का ही एक पंथ है, उससे भिन्न नहीं। हिंदू महासभा का कहना था कि यदि उन्होंने मुसलमान या ईसाई धर्म की अपेक्षा सिक्ख धर्म अपनाया तो नव सिक्खों के रूप में उन्हें आरक्षित स्थान मिलेंगे। डॉ. आंबेडकर के अनुसार, सिक्ख धर्म अपनाने से हिंदू हितों की रक्षा होती है; क्योंकि इससे हम हिंदू संस्कृति से जुड़े रहेंगे। उनकी दृष्टि में मुसलमान या ईसाई धर्म अपनाना अराष्ट्रीय होना था। सिक्ख धर्म अपनाने से हिंदुस्तान के भविष्य को कोई खतरा नहीं है। उन्होंने कहा, ''अस्पृश्य लोग सिक्ख धर्म स्वीकार करें, यह योजना शंकराचार्य ने ही मेरे समक्ष रखी थी और मैंने उसे मान्य किया; क्योंकि मैं अपने आपको हिंदू समाज के भविष्य के प्रति कुछ अंशों में जवाबदार मानता हूँ।''

डॉ. आंबेडकर ने अपने अनुयायियों में से तेरह लोगों की एक टुकड़ी को सिक्ख धर्म का अध्ययन करने भेजा। सिक्ख मिशन के नेताओं के साथ आंबेडकर निकट संपर्क बनाए हुए थे। उन्होंने मुंबई में सिक्ख धर्म में नव दीक्षित होनेवाले अछूतों के लिए एक महाविद्यालय खोलने की योजना भी सामने रखी।

स्वतंत्र मजदूर पक्ष की स्थापना व प्रांतीय चुनाव

1936 का साल धर्मांतर संबंधी विवाद में बीत गया। 1937 में प्रांतों को आंशिक स्वायत्तता देकर चुनाव कराए जाने थे। आंबेडकर दलितों को राजनीतिक अधिकार पाने के लिए प्रेरित करते रहते थे। अत: उन्होंने इस अवसर का लाभ उठाने के लिए कदम उठाया। सर्वप्रथम सहकारियों से विचार-विनिमय कर एक राजनीतिक दल स्वतंत्र मजदूर पक्ष व उसका घोषणा-पत्र तैयार किया।

उन्होंने कहा कि केवल खेती पर निर्भर होने के कारण किसान गरीब हैं। इसके लिए पुराने उद्योग-धंधे फिर जोरों से शुरू करने होंगे तथा नए धंधों को भी शुरू करना होगा। जनता की उत्पादन शक्ति व कार्य-क्षमता

बढ़ाने के लिए यांत्रिक शिक्षण की आवश्यकता है। सरकारी नियंत्रण के अंतर्गत उद्योग भी शुरू किए जाएँगे। मजदूरों की तरह खेत-मजदूरों को भी सहूलियतें दी जाएँगी।

श्रमिकों के हित की दृष्टि से कानून बनाए जाएँगे, जिनमें काम के घंटे, वेतन, आवास-व्यवस्था, सवेतन छुट्टी आदि का निर्णय होगा। यह घोषणा-पत्र गरीबों के उत्कर्ष के ध्येय से प्रेरित था।

चुनाव के लिए अपने दल की पूर्व तैयारी करके वे स्वास्थ्य-लाभ के लिए जिनेवा मार्ग से यूरोप गए। वास्तव में वे यह जानकारी करने गए थे कि अछूतों ने यदि सिक्ख धर्म की दीक्षा ले ली तो वे नए संविधान द्वारा प्रदत्त सुविधाएँ पाएँगे या उनसे वंचित रह जाएँगे। अन्यथा चुनाव सिर पर हों और वे यूरोप जाएँ, यह संभव नहीं था। जाने के पूर्व उन्होंने एक समाचार-पत्र से साक्षात्कार में कहा, ''राष्ट्र की पुनर्रचना की दृष्टि से कांग्रेस अत्यंत निरुपयोगी है। स्वतंत्र मजदूर पक्ष जनता को प्रजातंत्र में दीक्षित करेगा।''

आंबेडकर वियना और बर्लिन में रहे। एक सप्ताह के लिए लंदन गए। लंदन का वातावरण एडवर्ड अष्टम के विवाह की चर्चा में व्यस्त था। आंबेडकर के धर्मांतर संबंधी प्रश्न की चर्चा के लिए वहाँ समय नहीं था। उन्होंने कहा, ''गोलमेज परिषद् के समय दलितों के लिए जो कुछ किया जाना था, कर चुके हैं।''

उन्होंने जर्मन व अन्य विधिवेत्ताओं से भी इस विषय में चर्चा की। सिक्ख धर्म स्वीकार करने पर उन्हें आरक्षित स्थान मिलेंगे या नहीं, वे यह जानना चाहते थे। नए संविधान में सिक्खों के लिए आरक्षित स्थान केवल पंजाब में ही रखे गए थे। परंतु इस बीच सिक्ख मिशन के नेता और आंबेडकर में मतभेद हो गया। और इस मतभेद में ही सिक्ख धर्म स्वीकार करने का प्रश्न विलीन हो गया।

मुंबई लौटते ही उन्होंने अपने दल के प्रचार की मुहिम शुरू कर दी। चुनाव में एक महीना शेष था। स्वतंत्र मजदूर संघ की स्थापना का उद्देश्य बताते हुए उन्होंने कहा कि प्रांतीय चुनावों में एक सौ पचहत्तर में से केवल पंद्रह स्थान आरक्षित हैं। पंद्रह लोगों से विपक्ष की स्थापना नहीं हो सकती। अतः अपने हितैषी सवर्ण बंधुओं से चर्चा कर खुले स्थानों पर अपने उम्मीदवार खड़े किए हैं।

मुंबई प्रांत के सभी जिलों का उन्होंने तूफानी दौरा किया। नासिक, अहमदनगर, खानदेश के प्रमुख गाँव, सोलापुर, सातारा में अनेक स्थानों पर छोटे-छोटे भाषण दिए। अपने टिकट पर खड़े रोहम नामक व्यक्ति को योग्यता या गुणों का व्यर्थ विचार किए बिना जिताने को कहा, क्योंकि अपने पक्ष के सभासदों का योग्य मार्ग-दर्शन करने के लिए हम हैं। कांग्रेस ने डॉ. आंबेडकर को हराने के लिए अपनी सारी शक्ति लगा दी। उन्होंने क्रिकेट खिलाड़ी बालू बाबाजी पालवणकर को मुंबई में आंबेडकर के विरुद्ध खड़ा किया। आंबेडकर के मतों में सेंध लगाने के लिए राजभोज व देवरुखकर को खड़ा कर दिया। फिर भी बहुमत से आंबेडकर की विजय हुई। उनके सत्रह में से तेरह उम्मीदवार विजयी हुए। आंबेडकर की इस विजय पर मुंबई तथा महाराष्ट्र की अछूत जनता अत्यंत आनंदित हुई। सांगली में उनका भव्य सत्कार हुआ। इसी समय महाड़ के मुकदमे का निर्णय, जो उच्च न्यायालय में था, दलितों के पक्ष में हुआ।

कांग्रेस की सभी प्रांतों में विजय हुई। परंतु उन्होंने मंत्रिमंडल बनाने से इनकार कर दिया। मुंबई प्रांत में धनजी शाह कपूर व जमनादास मेहता ने मंत्रिमंडल बनाया। आंबेडकर को भी उसमें सम्मिलित होने के लिए कहा, पर उन्होंने बहुमत के बिना बने अस्थायी मंत्रिमंडल में सम्मिलित होने से इनकार कर दिया। अंततोगत्वा कांग्रेस ने मंत्रिमंडल बनाना स्वीकार कर लिया।

किसानों और मजदूरों के लिए संघर्ष

7 अगस्त, 1937 को स्वतंत्र मजदूर पक्ष की सर्वसाधारण सभा मुंबई में हुई। इसमें डॉ. आंबेडकर कोषाध्यक्ष व अध्यक्ष चुने गए। कमलाकांत चित्रे कार्यवाहक व तात्कालिक संघटक चुने गए।

कोंकण में बेगार-प्रथा को समाप्त करने के लिए मुंबई विधानसभा में उन्होंने एक विधेयक रखा कि बेगार-प्रथा समाप्त होनी चाहिए तथा खेत-मजदूरों को जमीन का स्वामित्व मिलना चाहिए। महार वतन के उच्चाटन के लिए भी उन्होंने एक महार वतन विधेयक रखा। परंतु दोनों ही विधेयक पारित नहीं हो सके। अब आंबेडकर अपने स्वतंत्र मजदूर पक्ष का प्रचार करते हुए कांग्रेस से सावधान रहने के लिए कहते थे।

किसानों की माँगों को लेकर उनका एक मोर्चा विधानसभा गया। इसमें ठाणे, कुलाबा, रत्नागिरि, सातारा व नासिक आदि जिलों से किसान सम्मिलित हुए थे। उनका मोर्चा तीन दिशाओं से आकर विधानसभा पर रुका। वे 'खोती (बेगार) प्रथा का नाश हो', 'आंबेडकर के विधेयक को समर्थन दो' आदि नारे लगा रहे थे। आंबेडकर के नेतृत्व में एक शिष्टमंडल मुख्यमंत्री से मिला। उनकी पहली माँग थी खेत-मजदूर के न्यूनतम वेतन के निर्धारण की। उनकी दूसरी माँगें थीं—मालिकों को मुआवजा देकर अथवा न देकर जमींदारी व बेगार-पद्धति समाप्त करने के लिए शीघ्र कानून बनाया जाए। किसानों के लिए नहरों के पानी की कीमत आधी कर दी जाए। ज्ञापन देकर आजाद मैदान में सभा हुई।

'हरिजन' शब्द का जबरदस्त विरोध

स्थानिक स्वराज कानून में संशोधन करने के लिए एक विधेयक पेश किया गया। इसमें अछूतों के लिए 'हरिजन' शब्द का प्रयोग था। भाऊराव गायकवाड़ ने अपने समाज के लिए 'हरिजन' शब्द का प्रयोग न करने की प्रार्थना की। उन्होंने कहा, ''हमने अनेक सभाओं में यह सूचित किया है कि 'हरिजन' नाम हमें नहीं चाहिए, अत: हमारी इच्छा के विरुद्ध सरकार हमारे लिए 'हरिजन' शब्द का प्रयोग न करे। यदि यह मान्य नहीं हुआ तो सर्वत्र विरोध की लहरें उठेंगी।'' उन्होंने कहा, ''यदि अछूत हरि के जन हैं, तो सवर्ण क्या राक्षसों के? अछूतों को नाम की नहीं, ठोस कार्य की जरूरत है।'' इसपर स्वराज्य मंत्री ने कहा, '' 'अछूत' शब्द की कालिमा दूर करने के लिए, उस समाज को प्रतिष्ठा देने के लिए सरकार 'हरिजन' नाम दे रही है।''

गायकवाड़ का विचार मान्य नहीं हुआ और उन्हें जबरदस्ती यह नाम दिया गया। अछूतों के पंद्रह में से तेरह स्थानों पर विजय प्राप्त करने पर भी अछूतों के संबंध में अछूतों की बात नहीं सुनी गई। इसपर डॉ. आंबेडकर ने खड़े होकर कहा, ''मुझे दु:ख है कि इस विषय में अछूतों की इच्छा को जो मान देना चाहिए, वह नहीं दिया गया। यदि गायकवाड़ का प्रस्ताव मान्य हो गया होता तो कोई भी दुखी नहीं होता और न देश के हित में कोई बाधा आती। सरकार द्वारा अपनी शक्ति का इस जुल्मी ढंग से प्रयोग किया जाता देखकर मुझे दु:ख होता है। हम अपनी नापसंदी जाहिर करने के लिए सदन से बहिर्गमन करते हैं।''

आंबेडकर अपने साथियों सहित बाहर चले गए। वे जानते थे कि गुजरात में भूदासों को 'हरि' कहते हैं।

12 व 13 फरवरी, 1938 को मनमाड में अछूत रेल कर्मचारियों की एक बड़ी सभा आयोजित की गई। उस सभा में बीस हजार श्रमिक उपस्थित थे। उन्होंने कहा, आप अछूतों के रूप में नहीं, श्रमिकों के रूप में उपस्थित हुए हैं। ब्राह्मणवाद व पूँजीवाद ही श्रमिकों के वास्तविक शत्रु हैं। अछूत श्रमिकों को सवर्ण श्रमिकों

से भी बहुत कम सुविधाएँ मिलती हैं।

इस बीच उन्होंने अनेक विधेयकों का जोरदार विरोध भी किया। अनेक जगह सभाएँ कीं। दौरे किए। कनकवली में उन्होंने कहा कि बीस लाख महारों को अपने हकों के लिए अविरत संघर्ष करना चाहिए। देवरुख, अरवली, गुहागार, चिपलूण, खेड, दापोली व महाड़ में सभाएँ कीं और कहा, अछूत स्वतंत्र मजदूर पक्ष में सम्मिलित हों, कांग्रेस के भुलावे से दूर रहें।

औद्योगिक काले कानून का विरोध

1938 में औद्योगिक संघर्ष का विधेयक विधानसभा में प्रस्तुत हुआ। डॉ. आंबेडकर व जमनादास मेहता ने इस विधेयक का विरोध किया। इस विधेयक द्वारा श्रमिकों के हड़ताल के अधिकार को समाप्त किया गया था। हड़ताल में श्रमिकों के विरुद्ध पुलिस की सहायता को अधिक वैध बताया गया था।

इस विधेयक को डॉ. आंबेडकर ने श्रमिकों के नागरिक स्वातंत्र्य का हनन करनेवाला कायदा कहा। कांग्रेस ने इस विधेयक को अपने बहुमत से पारित करवा लिया। अतः इसे 'काला कानून' कहकर धिक्कारा गया। इसके विरोध में 'स्वतंत्र मजदूर पक्ष' व 'मिल मजदूर यूनियन' ने एक दिन की हड़ताल की घोषणा कर दी।

कांग्रेस हड़ताल असफल करने के लिए और श्रमिक नेता हड़ताल सफल करने के लिए कटिबद्ध थे।

लगभग साठ श्रमिक संघ इसमें सम्मिलित हुए। 6 नवंबर को रात आठ बजे जमनादास मेहता की अध्यक्षता में कार्यक्रम की रूपरेखा को अंतिम रूप दिया गया। आंबेडकर भी इसमें उपस्थित थे। उन्होंने अपने स्वतंत्र मजदूर पक्ष के विधानसभा सदस्यों को बुलाकर एक कृति-समिति बनाई। इस सभा में जमनादास मेहता उपस्थित थे।

सरकार ने तीन सौ सशस्त्र पुलिस व बारह अधिकारी नियुक्त किए। स्वतंत्र मजदूर संघ ने अपने हजारों स्वयंसेवकों के द्वारा विभिन्न स्थानों में पत्रक बँटवाकर हड़ताल सफल करने की प्रार्थना की थी।

हड़ताल के पूर्व की सभा में लगभग अस्सी हजार श्रमिक उपस्थित हुए। अध्यक्षता की जमनादास मेहता ने। मेहता, इंदुलाल याज्ञिक, डांगे व आंबेडकर के भाषण हुए।

इस हड़ताल के नियंत्रण के लिए एक समिति बनी, जिसके अध्यक्ष थे जमनादास मेहता। आंबेडकर, डांगे, निमकर, मिरजकर और प्रधान उस समिति के सभासद् थे।

7 नवंबर, 1938 को सुबह होते ही पुलिस अधिकारी अपने-अपने स्थान पर नियुक्त हो गए। जमनादास व आंबेडकर एक कार में बैठकर लाउडस्पीकर से हड़ताल सफल करने की प्रार्थना कर रहे थे। कपड़े की प्रायः सभी मिलें व नगरपालिका के कारखाने बंद थे।

डिलाईल रोड पर पथराव से पुलिस को चोटें लगीं। पुलिस ने गोलीबारी की। परल रास्ते पर किसी ने कन्हैयालाल मुंशी की गाड़ी के शीशे तोड़ दिए। उसमें अन्य मंत्री भी थे; पर किसी को चोट नहीं पहुँची। कुल बहत्तर लोग जख्मी हुए। ग्यारह लोगों को प्राणांतक चोटें लगीं। पैंतीस लोग गिरफ्तार हुए।

श्रमिक नेताओं के आह्वान पर प्रांत के सभी औद्योगिक शहरों में कुछ अंशों में हड़ताल हुईं। विरोध प्रदर्शन हुए। अहमदाबाद, अमलनेर, जलगाँव, चालीसगाँव, पूना, धूलिया आदि स्थानों तक हड़ताल की गूँज पहुँची।

शाम को जमनादास की अध्यक्षता में श्रमिकों की विशाल सभा हुई। कम्यूनिस्ट नेताओं ने काले कानून का बहिष्कार किया। काले कायदे व गृहमंत्री कन्हैयालाल मुंशी के प्रतीकस्वरूप दो पुतले जलाए गए। आंबेडकर ने हड़ताल सफल करने के लिए श्रमिकों को बधाई दी और कहा कि सभाओं का निषेध करने से कार्य सफल नहीं हो सकता। आप लोगों को अपने प्रतिनिधि चुनकर राजसत्ता में भाग लेना चाहिए।

इस हड़ताल से आंबेडकर प्रथम श्रेणी के श्रमिक नेता सिद्ध हुए। उनके 'स्वतंत्र मजदूर पक्ष' का वजन बढ़ा। दूसरे, आंबेडकर आखिर तक कम्यूनिस्ट के विरोधी रहे और अपने आपको उनसे पृथक् रखे रहे; फिर भी श्रमिकों के कार्य के लिए उनके साथ आए।

पाकिस्तान विषयक विचार

सन् 1940 के अंत में आंबेडकर का 'थॉट्स ऑन पाकिस्तान' नामक ग्रंथ प्रकाशित हुआ। इस ग्रंथ में हिंदुओं को सलाह दी गई थी कि भारत के—हिंदुस्तान व पाकिस्तान—दो खंड कर दिए जाएँ। साइमन कमीशन के समक्ष डॉ. आंबेडकर ने मुसलमानों के लिए पृथक् मतदार संघ का विरोध किया था, लेकिन अब मुसलमानों की वृत्ति व समय को देखते हुए उन्होंने कहा कि पाकिस्तान एक पृथक् राष्ट्र है, यह व्यर्थ के वाद-विवाद के बिना मान लेना चाहिए।

पाकिस्तान के जन्म से हमारी सीमाएँ सुरक्षित नहीं रहेंगी, यह शंका नहीं करनी चाहिए। वैज्ञानिक युग में भौगोलिक सीमाएँ उतनी महत्त्वपूर्ण नहीं रहीं। जिनकी भारत पर निष्ठा संशयास्पद है, वे हिंदुस्तान में रहकर शत्रुत्व करें, इससे अच्छा है कि वे बाहर रहकर शत्रुत्व करें।

उन्होंने सुझाव दिया कि आपस में युद्ध करने की अपेक्षा तुर्किस्तान, ग्रीस, बल्गेरिया आदि देशों ने जैसे विधर्मीय लोगों की अदला-बदली की, उसी तरह आबादी की अदला-बदली कर ली जाए। शांति स्थापित करने के लिए व एकसंघ राष्ट्र के निर्माण के लिए यह एक रामबाण उपाय है।

मुसलमानों के विषय में उनकी धारणा थी कि मुसलमानों के मन पर प्रजातंत्र का कोई भी प्रभाव नहीं पड़ता। मुसलमानों को यदि किसी विषय में आस्था है, तो वह धर्म के विषय में। उनकी राजनीति धर्मनिष्ठ है। यह समाज-सुधार का विरोधी है। वे समस्त विश्व में प्रतिगामी वृत्ति से व्यवहार करते हैं। वे इस्लाम को जागतिक धर्म मानते हैं। उसे सार्वकालिक व सार्वत्रिक मानते हैं। उनका बंधुत्व केवल मुसलमानों तक सीमित है। दूसरों के प्रति उनमें तिरस्कार ही रहता है। उनकी राजनिष्ठा केवल इस्लाम शासित देशों से ही हो सकती है। इस्लाम मुसलमानों को हिंदुस्तान को अपनी मातृभूमि मानने ही नहीं देता। आक्रामक वृत्ति उनकी नैसर्गिक वृत्ति है।

अब मुसलमानों को अपना भविष्य पाकिस्तान में ही दिखाई देता है। पाकिस्तान ही उनका उज्ज्वल भविष्य है।

हिंदुओं से कहा कि अखंड भारत के ध्येय से क्या सिद्ध होने वाला है। पाकिस्तान स्वीकार कर लेने से रोज-रोज के भय से मुक्त हो जाओगे। अन्य देशों के इतिहास से फायदा उठाना चाहिए। समुद्र में जहाज डूब जाए, इससे अच्छा है अधिक सामान समुद्र में फेंक दिया जाए।

मजबूत केंद्रीय सरकार के लिए विभाजन आवश्यक है, अन्यथा गंभीर परिणाम होंगे। जोर-जबरदस्ती से

स्थापित की गई एकता के परिणाम भयंकर होंगे। उनका यह ग्रंथ विचारोत्तेजक रहा।

केंद्रीय श्रममंत्री पद पर नियुक्ति

स्ट्रॅफोर्ड क्रिप्स ने आंबेडकर से पूछा कि आप दलितों के प्रतिनिधि हैं या श्रमिकों के। आप जिनके प्रतिनिधि हैं, उनका संख्या-बल कितना है ? डॉ. आंबेडकर को दलितों का नेतृत्व करना ही उचित प्रतीत हुआ। इसलिए उन्होंने दिल्ली में अछूत नेताओं की एक सभा आयोजित कर क्रिप्स योजना के संबंध में विचार-विमर्श किया। इसमें आंबेडकर से मतभेद भुलाकर एम.सी. राजा और राजभोज भी सम्मिलित हुए थे। इसमें निश्चित किया गया कि जुलाई में नागपुर में 'अखिल भारतीय दलित सभा' का आयोजन किया जाए। भारत के सभी प्रांतों की अछूत वर्ग की संस्थाओं को एकत्रित कर एक अखिल भारतीय संगठन बनाने का विचार था।

वर्ष 1942 को मुंबई तथा महाराष्ट्र के अन्य शहरों में आंबेडकर की अर्द्धशताब्दी जयंती वर्ष के रूप में मनाया गया। यह उनकी आयु का पचासवाँ वर्ष था। लगभग पचास संस्थाओं ने नौ दिनों तक विविध कार्यक्रम आयोजित किए। अनेक पत्रों ने भी उनके कर्तृत्व को विशद किया।

जुलाई में वाइसराय ने अपने कार्यकारी मंडल में डॉ. आंबेडकर को भी सम्मिलित किया। भारत के इतिहास में इतना बड़ा अधिकार पद पहली बार मिला था। अनेक प्रमुख नेताओं ने उनका अभिनंदन किया। 20 जुलाई, 1942 को उन्होंने केंद्रीय श्रममंत्री का पद सँभाला।

'शेड्यूल्ड कास्ट फेडरेशन' की स्थापना

18 व 19 जुलाई को नागपुर में अखिल भारतीय दलित वर्ग का सम्मेलन हुआ, जिसमें डॉ. आंबेडकर का सत्तर हजार लोगों ने तालियों से स्वागत किया। उन्होंने गोलमेज परिषद् से लेकर क्रिप्स योजना तक अछूतों के लिए अपने संघर्ष का इतिहास बताया। उन्होंने अछूतों द्वारा प्रगति की दिशा में कदम रखने पर संतोष व्यक्त किया। राजनीतिक चेतना, शिक्षा, विशेषतः स्त्रियों में जागृति का, उन्होंने स्वागत किया। उन्होंने कहा कि हम भारतीय समाज के स्वतंत्र व वैशिष्ट्यपूर्ण घटक हैं।

इस सभा में 'अखिल भारतीय शेड्यूल्ड कास्ट फेडरेशन' की स्थापना की घोषणा की गई। इसमें अछूतों के लिए सरकार द्वारा स्वतंत्र गाँव बसाने की भी माँग की गई।

यहीं एक भाषण सुलोचनाबाई डोंगरे की अध्यक्षता में हुई दलित स्त्रियों की सभा में किया। उनके संगठन की आवश्यकता को प्रतिपादित किया। अछूत शिक्षित युवतियों को उच्चवर्णीय युवकों से विवाह न करने के लिए कहा।

भारत छोड़ो आंदोलन और आंबेडकर

उन दिनों गांधीजी ने 'करेंगे या मरेंगे' आंदोलन आरंभ किया था, जिसे आंबेडकर ने अनुत्तरदायित्वपूर्ण व मूर्खतापूर्ण बताया। कांग्रेसियों ने इस कथन को श्रममंत्री बनाए जाने का आभार प्रदर्शन माना। आंबेडकर ने इस समय 'रानाडे, गांधी व जिन्ना' नामक ग्रंथ लिखा।

अगस्त क्रांति विफल होने पर गांधीजी ने इक्कीस दिन का उपवास किया। कांग्रेस के आह्वान पर अनेक

मंत्रियों ने त्यागपत्र दे दिए। डॉ. आंबेडकर इससे अविचलित रहे। इस बीच उन्होंने कानपुर में आयोजित 'शेड्यूल्ड कास्ट फेडरेशन' के अधिवेशन में भाग लिया।

केंद्रीय श्रममंत्री आंबेडकर ने 20 मई, 1945 को एक भाषण में कहा, "भारत को स्वातंत्र्य की अपेक्षा औपनिवेशिक स्वराज्य लेना चाहिए। भारतीयों के लिए अपनी स्वतंत्रता की रक्षा करना संभव नहीं है, अतः औपनिवेशिक स्वराज्य ही उचित है। अंतरराष्ट्रीय कानून के अनुसार, औपनिवेशिक राज्य का अर्थ ही है—पूर्ण स्वराज्य।"

आंबेडकर के मत में गांधीवाद का अर्थ है ग्रामीण जीवन का पुनरुज्जीवन, पशु का-सा जीवन बिताना, मशीनी युग को अभिशाप मानना।

1945 के आम चुनाव में 'शेड्यूल्ड कास्ट फेडरेशन' की पराजय

वेवेल योजना के अनुसार सितंबर 1945 में सर्वत्र चुनाव कराना निश्चित हुआ। डॉ. आंबेडकर ने भी इस चुनाव की तैयारियाँ कीं। अब नवंबर 1945 में उन्होंने कहा कि मुझे संपूर्ण स्वराज्य चाहिए। ब्रिटिश सरकार अब और नहीं टिक सकती। स्मरण रखना चाहिए कि पहले उन्होंने औपनिवेशिक स्वराज्य को ही भारत के लिए उपयुक्त बताया था।

मनमाड, अकोला और नागपुर में चुनाव प्रचार करते हुए वे दक्षिण भारत पहुँचे। मद्रास में, कोयंबटूर में संविधान के विषय में घोषणा-पत्र में कुछ भी न कहने के लिए उन्होंने कांग्रेस की आलोचना की। मुंबई लौटकर फिर एक सभा में कहा कि हम मुसलमानों की तरह पृथक् भू-भाग नहीं माँग रहे। हमें समान अधिकार चाहिए, आश्रय नहीं। यदि हमें न्याय नहीं मिला तो हम वैश्विक न्यायालय में जाएँगे।

इधर सरदार पटेल अपने भाषण में पहले ही कह चुके थे कि कांग्रेस अछूत-प्रथा का निवारण कानून के बल पर करेगी। आंबेडकर की आशंका उचित है, पर मार्ग गलत। पटेल का कथन सत्य निकला। स्वतंत्रता के पूर्व अछूत-प्रथा कानूनन समाप्त कर दी गई। इसके पश्चात् कुछ दिन दिल्ली में काम करके आंबेडकर ने आगरा में संयुक्त प्रांत शेड्यूल्ड कास्ट फेडरेशन के अधिवेशन में भाग लिया। अध्यक्ष पद पर एन. शिवराज थे। इस अधिवेशन में भी उन्होंने कहा कि यदि शासन अल्पसंख्यकों के सहयोग व सहमति से हो, तो स्वागत है।

इस चुनाव में शेड्यूल्ड कास्ट फेडरेशन का पराभव हुआ। इसके दो कारण माने गए, पहला सवर्ण हिंदुओं के सहयोग को नजरअंदाज करना व दूसरा संगठन का अभाव।

अछूतों के अधिकारों के लिए ब्रिटिश शिष्टमंडल से भेंट

स्वाधीनता संबंधी विभिन्न आंदोलनों तथा नेताजी सुभाष चंद्र बोस की आजाद हिंद फौज द्वारा की गई स्वतंत्रता की लड़ाई के कारण अंग्रेजी साम्राज्य की नींव हिल चुकी थी। क्रांतिकारियों के बलिदान, भारतीय नौसेना व वायुसेना के विद्रोह ने इसे पूरी तरह हिला दिया था। अंग्रेज जान चुके थे कि अब भारत को पराधीन रखना संभव नहीं है; क्योंकि भारतीय सेना में राष्ट्रवाद की चिनगारियाँ फूट पड़ी हैं।

आंबेडकर स्वतंत्रता मिलने के पहले ही अछूतों की स्थिति मजबूत कर लेना चाहते थे। ब्रिटिश सरकार

ने चर्चा के लिए एक शिष्टमंडल भारत भेजा था। डॉ. आंबेडकर शेड्यूल्ड कास्ट फेडरेशन के एकमात्र प्रतिनिधि के रूप में उससे मिले। शेड्यूल्ड कास्ट फेडरेशन की पराजय से उनकी स्थिति अत्यंत दयनीय हो गई थी। उन्होंने अपनी माँगें रखते हुए कहा कि अछूतों को अपने प्रतिनिधियों का चुनाव करने के लिए स्वतंत्र मतदार संघ दिया जाए। इसके साथ केंद्रीय व प्रांतीय विधानसभाओं में पर्याप्त प्रतिनिधित्व, शासकीय नौकरियों में आरक्षण, सेवायोजन कार्यालय में प्रतिनिधित्व, शिक्षा के लिए भरपूर अनुदान आदि माँगें रखीं व इन माँगों को संविधान में अंतर्भूत करने का आग्रह भी किया।

परंतु 16 मई को ब्रिटिश मंत्रियों के शिष्टमंडल ने जो निर्णय प्रकाशित किया, उसमें आंबेडकर की माँगों को कहीं भी स्थान नहीं दिया। इधर चुनाव हो जाने के कारण भारतीय सरकार की स्थापना हुई। लॉर्ड वेवेल ने अपना कार्यकारी मंडल भंग कर दिया। परिणामस्वरूप डॉ. आंबेडकर को भी दिल्ली छोड़कर मुंबई आना पड़ा।

परंतु डॉ. आंबेडकर के हृदय में भय था कि स्वतंत्र भारत में अछूतों की स्थिति पुनः दयनीय हो जाएगी। वे चाहते थे कि अंग्रेज ही उन्हें उनके अधिकार दिलाकर जाएँ। उनका यह भय निर्मूल सिद्ध हुआ। स्वतंत्र भारत में उन्हें समानाधिकार ही नहीं मिला, बल्कि स्वयं उन्हें संविधान बनाने का अवसर दिया गया।

मुंबई आकर उन्होंने जून के प्रथम सप्ताह में शेड्यूल्ड कास्ट फेडरेशन की कार्यकारिणी की बैठक 'राजगृह' में आयोजित की। इस बैठक में शिष्टमंडल के 16 मई, 1946 को प्रकाशित निर्णय की आलोचना की गई।

सिद्धार्थ व मिलिंद महाविद्यालय की स्थापना

20 जून, 1946 को बाबा साहब ने सिद्धार्थ महाविद्यालय की स्थापना की। दलितों में उच्च शिक्षा का प्रसार करने के लिए वे श्रेष्ठ शिक्षक व उत्तम पुस्तकालय से संपन्न एक महाविद्यालय की स्थापना करना चाहते थे। इसके लिए उन्होंने पीपुल्स एजुकेशन सोसाइटी की स्थापना की। उसके अंतर्गत उक्त महाविद्यालय को आकार मिला। इसके लिए आवश्यक धन चंदे द्वारा एकत्रित किया गया था। इसी प्रकार औरंगाबाद में भी उन्होंने बाद में मिलिंद महाविद्यालय स्थापित किया।

संविधान समिति के सदस्य

कांग्रेस की अखिल भारतीय समिति की बैठक मुंबई में हो रही थी। उनके मंडप के समक्ष शेड्यूल्ड कास्ट फेडरेशन ने विरोध प्रदर्शन किया। कांग्रेस अपने आपको दलितों की प्रतिनिधि संस्था बता रही थी, अतः आंबेडकर का विरोध उससे था। मुंबई विधानसभा का वर्षाकालीन सत्र 15 जुलाई को शुरू हुआ। उस दिन आंबेडकर के अनुयायियों ने सत्याग्रह किया। अनेक सत्याग्रही जेलों में बंद किए गए। नवीन सत्याग्रही सामने आए। कानपुर और लखनऊ में भी ऐसे ही सत्याग्रह हुए।

प्रांतीय विधानसभाओं ने संविधान समिति के लिए प्रतिनिधियों का चुनाव किया। बंगाल विधानसभा ने संविधान समिति के लिए दलित वर्ग के प्रतिनिधि के रूप में डॉ. आंबेडकर को चुना। मुस्लिम लीग के समर्थन से वे चुनकर आए। आंबेडकर दलितों के हित के लिए कोई भी अवसर चूकना नहीं चाहते थे; अतः उन्होंने इस

अवसर को भी हाथ से नहीं जाने दिया।

उन्होंने कहा, ''अंग्रेज भारत को छोड़ रहे थे। अब सत्ता सवर्णों और मुसलमानों के हाथों में है। अत: हम कांग्रेस से पूछना चाहते हैं कि छ: करोड़ अछूतों का भविष्य क्या है, उन्हें कौन से अधिकार दिए जाएँगे? अछूत अपने अधिकारों के लिए पूरे भारत में संघर्ष करेंगे। पूना में इसका श्रीगणेश किया गया है।''

24 अगस्त को गवर्नर जनरल ने अस्थायी मंत्रिमंडल की घोषणा की। जिसमें नेहरू, पटेल, आजाद, राजगोपालाचारी, शरच्चंद्र बोस व जगजीवनराम के नाम थे। आंबेडकर को इससे निराशा हुई।

सत्याग्रह व विरोध-प्रदर्शन से फलनिष्पत्ति न होते देखकर वे कराची होते हुए लंदन पहुँचे। वहाँ उन्होंने कहा कि एक देश का शासन दो राष्ट्र चला रहे हैं। उन्होंने सुझाव दिया कि भारत में 1935 के कानून के अनुसार शासन शुरू कर दिया जाए और दस वर्ष के बाद भारत का शासन भारत के राजनीतिक दलों को सौंप दिया जाए।

यह समय उनके लिए बहुत निराशा का था। इस समय आशाजनक बात यह हुई कि मुस्लिम लीग ने उनके पक्ष के जोगेंद्र मंडल को अपने साथ अस्थायी मंत्रिमंडल में ले लिया।

लंदन में वे ब्रिटेन के प्रधानमंत्री एॅटली व सर सेम्युअल होमर से मिले। लोअर हाउस की भारतीय समिति की बैठक भी बुलवाई, परंतु ब्रिटिश लोगों के मन में भारत के प्रति संभवत: कोई उत्सुकता नहीं रही। इस निरुत्साही व निराश स्थिति में वे भारत लौटे।

इसी समय उनका 'शूद्र कौन थे' ग्रंथ प्रकाशित हुआ।

संविधान समिति में सलाहकार

इस समय जिस संविधान समिति की स्थापना हुई, उसके अध्यक्ष डॉ. राजेंद्र प्रसाद थे। मुस्लिम लीग ने इसका बहिष्कार किया। नेहरूजी ने भारत अब स्वतंत्र, सार्वभौम प्रजातंत्र देश है—यह घोषणा की तथा संविधान समिति के उद्‌देश्य व लक्ष्यों पर प्रास्ताविक भाषण दिया। डॉ. राजेंद्र प्रसाद ने आंबेडकर को भाषण के लिए आमंत्रित किया। उन्होंने अपने भाषण में थोड़ा नरम रुख अपनाया। उन्होंने कहा, ''यद्यपि आज हम राजकीय, सामाजिक व आर्थिक दृष्टि से विभक्त हैं। आपस में युद्ध कर रहे हैं। मैं भी युद्ध करनेवाली एक जमात का नेता हूँ, फिर भी मुझे विश्वास है कि समय आने पर हम एक राष्ट्र होंगे। मुस्लिम लीग देश के विभाजन के लिए कटिबद्ध है, लेकिन शायद समय आने पर उसकी भी समझ में आ जाएगा कि अखंड राष्ट्र सबके लिए अधिक हितकर है।'' आंबेडकर को संविधान समिति का सलाहकार बनाया गया।

इस बीच ब्रिटिश सरकार ने जून 1948 तक सत्ता हस्तांतरित करने की घोषणा की। आंबेडकर ने संविधान का एक प्रारूप तैयार किया, उसे 'राज्य व अल्पसंख्यक' नाम से प्रकाशित किया। यह संविधान उन्होंने केंद्र के लिए तैयार किया था।

उनके मत में प्रजातंत्र की नींव का निर्माण समतामूलक समाज रचना से ही संभव है। यंत्रयुग को वे वरदान समझते थे। वे राज्यशासित समाजवाद के पक्षधर थे। देश का शीघ्र औद्योगीकरण चाहते थे। बीमा और खेती दोनों का सरकारीकरण चाहते थे; यानी जमीन सरकार की हो, किसानों को वह किराए पर दी जाए।

संविधान समिति का तीसरा अधिवेशन अप्रैल 1947 में हुआ। इस अधिवेशन में यह घोषणा की गई कि अछूत-प्रथा समाप्त की जाती है। अछूत-प्रथा का पालन अपराध है। संविधान समिति के समक्ष यह विधेयक लौहपुरुष सरदार वल्लभभाई पटेल ने रखा और उन्होंने अपना वचन पूरा किया। डॉ. आंबेडकर ने अपना एक लक्ष्य प्राप्त कर लिया।

विभाजन का विष

गांधीजी को विवश होकर देश का विभाजन स्वीकार करना पड़ा। लार्ड माउंटबेटन ने दो केंद्र सरकारें व दो संविधान समितियाँ बनाने की नवीन योजना की घोषणा की। समाजवादी नेता चुप रहे। हिंदू महासभा ने भरपूर विरोध किया, पर वह अरण्यरोदन सिद्ध हुआ।

इसी समय त्रावणकोर व हैदराबाद की रियासतों ने 15 अगस्त को अपना स्वतंत्र राज्य स्थापित करने की घोषणा की।

आंबेडकर को ध्वज समिति का सदस्य बनाया गया। हिंदू महासभा ने उनसे भगवा ध्वज की सिफारिश करने के लिए कहा। दिल्ली जाते समय विमानतल पर भगवा ध्वज भी दिया। 22 जुलाई को ध्वज समिति ने अशोक चक्र से अंकित तिरंगा झंडा राष्ट्रध्वज के रूप में स्वीकार किया। वीर सावरकर ने चरखे के स्थान पर अशोक चक्र रखे जाने की तार द्वारा प्रार्थना की थी।

ब्रिटिश लोकसभा ने भारत के स्वातंत्र्य का प्रस्ताव 15 जुलाई, 1947 को स्वीकार कर लिया। बंगाल का विभाजन हुआ। परिणामस्वरूप बंगाल का प्रतिनिधित्व कम करना पड़ा। आंबेडकर को संविधान समिति से हटना पड़ा। शीघ्र ही कांग्रेस ने डॉ. जयकर के त्यागपत्र दे देने से रिक्त स्थान को डॉ. आंबेडकर को चुनकर भर लिया।

स्वतंत्र भारत के विधिमंत्री

स्वतंत्र भारत के मंत्रिमंडल में नेहरूजी ने आंबेडकर को विधिमंत्री का पद सँभालने के लिए आमंत्रित किया। गांधीजी ने इसे अपनी सम्मति दी। हिंदू महासभा के नेता श्यामाप्रसाद मुखर्जी को भी मंत्रिमंडल में सम्मिलित किया गया। कांग्रेस ने उनके गुणों व विद्वत्ता का पूरा आदर किया।

संविधान की संरचना

29 अगस्त, 1947 को संविधान समिति की प्रारूप समिति गठित की गई, जिसके अध्यक्ष आंबेडकर नियुक्त किए गए। अछूतों को समानता का हक दिलाने का पूरा अधिकार मानो कांग्रेस ने उन्हें सौंप दिया।

संविधान लेखन के कार्य में आंबेडकर दत्तचित्त हो गए। संविधान लेखन का कार्य प्राय: उन्होंने ही पूर्ण किया। अपने मनोवांछित कार्य में वे अपने स्वास्थ्य की परवाह न करते हुए सारी शक्ति से जुट गए। जिस समानता की लड़ाई वे लड़ रहे थे, उस समानता को पूर्णरूप देने का, असमानता और अन्याय को दूर करने का उन्हें अवसर मिला था। संविधान का कच्चा प्रारूप तैयार कर देने पर उन्हें विश्रांति की आवश्यकता प्रतीत हुई। औषधोपचार के लिए वे मुंबई लौटे।

डॉ. शारदा कबीर से विवाह

मुंबई के जिस अस्पताल में आंबेडकर भरती थे, उसी अस्पताल में कुमारी शारदा कबीर डॉक्टर के रूप में कार्य करती थीं। आंबेडकर का स्वास्थ्य दिनोंदिन गिरता जा रहा था। रात होते ही उनका सिर भयानक रूप से दर्द करता था। रात-भर कराहते रहते थे। किसी प्रकार की दवा उन्हें फायदा नहीं कर रही थी। इसके साथ ही उनके पैरों में भी असहनीय दर्द रहने लगा था।

फरवरी 1948 में उन्होंने अपने मित्र कमलाकांत चित्रे को लिखा कि मुझे अब अपने स्वास्थ्य की देखभाल के लिए एक व्यक्ति की आवश्यकता प्रतीत होने लगी है। इसके लिए मैं डॉ. कबीर से विवाह करना चाहता हूँ। मेरी दृष्टि में इससे योग्य कोई और पत्नी मिलना संभव नहीं है। नासिक के भाऊराव गायकवाड़ को भी पत्र लिखकर उन्होंने यही कहा कि पहली पत्नी के निधन के पश्चात् मैंने दूसरा विवाह न करने की प्रतिज्ञा की थी; परंतु अब दूसरा विवाह करने का निश्चय किया है। जो सुगृहिणी होते हुए वैद्यकशास्त्र में भी निपुण हो, ऐसी पत्नी की आवश्यकता है। दलित समाज में ऐसी पत्नी मिलना संभव नहीं है, इसलिए मैंने सारस्वत पत्नी का चुनाव किया है।

कुछ लोगों ने उनके पुत्र यशवंत और भावी पत्नी के मन में फर्क डालने की कोशिश की। उन्होंने कहा कि विवाह में देर करने से लोगों को चर्चा का अधिक अवकाश मिलेगा। अत: मैं 15 अप्रैल को विवाह करने जा रहा हूँ। विवाह करके मैं कोई अपराध कर रहा हूँ, ऐसा मुझे नहीं लगता। शिकायत के लिए मैंने कोई जगह नहीं छोड़ी है। यशवंत को तीस हजार रुपए और कम-से-कम अस्सी हजार रुपयों की कीमत का घर भी दिया है। एक पिता जो कुछ कर सकता है, उससे अधिक ही मैंने उसके लिए किया है।

विवाह के समय डॉ. आंबेडकर ने छप्पन वर्ष पूरे कर सत्तावनवें वर्ष में प्रवेश किया था। एक सामान्य समारोह में उनका विवाह हुआ।

पुत्र-स्नेह व चिंता

अपने पुत्र यशवंत को किसी धंधे में लगाने के विषय में वे लगातार चार वर्षों से सोच रहे थे। पुत्र के भविष्य के विषय में वे लगातार चिंतित थे। इस विषय में उन्होंने अपने मित्र नवल भथेना को भी लिखा कि वे उनके पुत्र व भतीजे को किसी सम्माननीय धंधे में लगा दें। धंधे की रूपरेखा उन्हें बताएँ। भथेना ने संभवत: तंबाकू का उद्योग शुरू कराया। परंतु यशवंतराव को अपयश ही हाथ लगा। इससे आंबेडकर को बहुत निराशा हुई।

भाषावार प्रांत रचना

भाषावार प्रांत रचना के विषय में उनका मत था कि भाषावार प्रांत रचना करने में कोई खतरा नहीं है। खतरा है भाषावार प्रांत रचना करने के पश्चात् राजभाषा या प्रशासकीय भाषा के रूप में प्रांतीय भाषा बनाने में। इससे प्रांतीय राष्ट्रवाद का निर्माण होगा, प्रांतीय संस्कृति को बढ़ावा मिलेगा; जिससे भारत के एकसंघ राष्ट्र बनने में विघ्न उपस्थित होगा। अत: सभी राज्यों में हिंदी को राष्ट्रभाषा के रूप में स्वीकार किया जाना चाहिए।

संविधान के प्रारूप को लोकसभा में स्वीकृति

संविधान का कच्चा प्रारूप बनाकर 4 नवंबर, 1948 को संविधान समिति के समक्ष विचारार्थ रखा गया। उसमें तीन सौ पंद्रह धाराएँ व आठ परिशिष्ट थे। इस संविधान का वैशिष्ट्य बताते हुए उन्होंने कहा, यद्यपि इसके द्वारा दोहरी राज्य-व्यवस्था स्वीकार की गई है, तथापि नागरिकता एक ही है। न्याय-प्रणाली एकीकृत है। संविधान विषयक मतभेदों को दूर करने का अधिकार न्यायालय को है। कानून पूरे भारत में एक समान है। संविधान में किसी भी राज्य को पृथक् होने का अधिकार नहीं दिया गया है।

संविधान के विषय में उन्होंने कहा कि यह व्यावहारिक है, लचीला है और युद्ध तथा शांति दोनों स्थितियों में देश को जोड़कर रखने में समर्थ व सक्षम है। संविधान की एक-एक धारा पर लोकसभा में चर्चा हुई। उन्हें स्वीकृत किया गया। बीच-बीच में वे मुंबई, औरंगाबाद के दौरे करते रहे। वे औरंगाबाद में एक महाविद्यालय की स्थापना करना चाहते थे, जो बाद में मिलिंद महाविद्यालय के रूप में बना। इधर संविधान समिति के समक्ष संविधान की तीन वाचनाएँ हुईं।

अनेक सभासदों ने कुछ आपत्तियाँ भी कीं। गांधीजी की विकेंद्रीकरण की कल्पना, गो-हत्या आदि के विषयों का संविधान में कोई उल्लेख न होने पर दु:ख व्यक्त किया। डॉ. आंबेडकर ने कहा, ''मैं संविधान समिति में अछूतों का हित करने के लिए ही आया हूँ। संविधान समिति ने मुझे प्रारूप बनाने का अवसर दिया व मेरा पूर्ण विश्वास किया। तदर्थ मैं उनका आभारी हूँ।''

26 नवंबर को संविधान स्वीकृत हो गया।

हिंदू कोड बिल

संविधान निर्मिति का कार्य संपन्न कर आंबेडकर 2 जनवरी, 1950 को मुंबई लौटे। अक्तूबर 1948 में उन्होंने हिंदू कोड बिल संविधान समिति के समक्ष रखा था। हिंदू कानूनों को एकत्रित कर उसे एकरूप करने का कार्य उन्होंने दस वर्ष तक किया।

1941 में भारत सरकार ने सर बी.एन. राव की अध्यक्षता में एक समिति गठित की थी। उस समिति ने देश-भर में दौरा करके, प्रसिद्ध विचारकों व कानूनविदों के मत एकत्रित कर हिंदू कोड बिल तैयार किया था। वह विधेयक कई बार पुनर्विचार के लिए लौटा दिया गया था। आंबेडकर ने उस संहिता का कार्य अपने हाथ में ले लिया। उसका परिष्कार व नवीनीकरण किया। संयुक्त परिवार की संपत्ति में स्त्रियों के अधिकारवाला भाग लोगों को, विशेषत: प्रवर-समिति के लोगों को, भीतिदायक प्रतीत हुआ। इसका विरोध अनेक कारणों से हुआ। कुछ लोगों के मतानुसार आम चुनाव के बाद हिंदू कोड बिल पर विचार किया जाना चाहिए, अन्यथा रूढ़िवादी लोग यों ही नाराज हो जाएँगे। कुछ लोगों के मतानुसार यह बिल हिंदुओं की परंपरा पर कुठाराघात है। डॉ. आंबेडकर ने कहा, ''हिंदू कोड बिल आमूलाग्र परिवर्तन करनेवाला क्रांतिकारक बिल नहीं है। यद्यपि यह प्रगति का नवीन मार्ग प्रदर्शित करता है, तथापि पुराने रीति-रिवाजों का इसमें विरोध नहीं है। सारे देश के लिए एक-सी दीवानी कानून संहिता बनाने के लिए, हिंदू कानूनों को एकत्रित करने और एकरूप करने के लिए कुछ कानूनों में सुधार किया है। यह सुधार हिंदू शास्त्र व स्मृतियों पर आधारित है। बृहस्पति स्मृति ने संपत्ति पर स्त्रियों का अधिकार स्वीकार किया है।''

संविधान निर्माण कर लेने के पश्चात् उन्होंने अपने अनुयायियों से कहा कि अब वह समय आ गया है जब हमें सारे देश के हित व उन्नति की दृष्टि से सोचना चाहिए।

बौद्ध धर्म के प्रति बढ़ती अभिरुचि

'बुद्ध और उनके धर्म का भविष्य' नामक महत्त्वपूर्ण लेख उन्होंने 1950 में लिखा। उन्होंने कहा कि बुद्ध का धर्म नीति पर आधारित है। उन्होंने अपने आपको पैगंबर या देव नहीं, मार्गदाता कहा है। उनके अनुसार, बौद्ध धर्म नीति पर आधारित बुद्धि प्रामाण्यवादी है। वह स्वतंत्रता, समता व बंधुता के तत्त्वों पर आधारित है। उन्होंने कहा कि बौद्ध धर्म के प्रचार के लिए एक आधारभूत ग्रंथ चाहिए।

उस समय 'जनता' के संपादक उनके पुत्र यशवंतराव आंबेडकर थे। उन्होंने इस पत्र के साक्षात्कार में कहा कि मेरा मन बौद्ध धर्म ग्रहण करने का बन चुका है, क्योंकि उसके तत्त्व टिकाऊ व समता पर आधारित है। परंतु अभी तक न मैंने बौद्ध धर्म स्वीकार किया है और न अपने शिष्यों को उसे स्वीकारने की आज्ञा दी है। इसके बाद वे सौ. सविता आंबेडकर व पांडुरंगराव राजभोज के साथ एक बौद्ध अधिवेशन में भाग लेने श्रीलंका गए। वहाँ उन्होंने कहा कि बौद्ध धर्म के संस्कार व विधि, और यहाँ बौद्ध धर्म कितना जीवित है, यह देखने के लिए आया हूँ।

केंडी में उन्होंने बौद्ध धर्म परिषद् के प्रतिनिधि के रूप में भाषण देना अस्वीकार कर दिया। उन्होंने कहा कि अभी मैंने बौद्ध धर्म स्वीकार नहीं किया है, यद्यपि मेरे आने का उद्‌देश्य गहन है। इस परिषद् में उन्होंने भारत में बौद्ध धर्म का विकास व विनाश विषय पर भाषण दिया। उन्होंने कहा कि शंकराचार्य के बाद भी बौद्ध धर्म भारतवर्ष में प्रचलित था। वस्तुतः शंकराचार्य और उनके गुरु बौद्ध थे। बाद में उन्होंने श्रीलंका में ही बौद्धों से विनती की कि दलितों को बौद्ध धर्म की दीक्षा दें।

मुंबई लौटकर उन्होंने एक भाषण दिया और कहा कि बौद्ध धर्म विषयक मेरे विचार मेरी अवसरवादिता नहीं हैं। विद्यार्थी जीवन से ही मैं बौद्ध धर्म के प्रति आकृष्ट था। एक बौद्ध मंदिर में भाषण देते हुए उन्होंने कहा कि मैं अपना जीवन बौद्ध धर्म के पुनरुज्जीवन और प्रसार में व्यतीत करूँगा।

दिल्ली लौटकर आंबेडकर ने फिर हिंदू कोड बिल का काम हाथ में लिया। इसके लिए अनेक संस्कृत पंडितों व विधिवेत्ताओं से चर्चा की। सभी स्मृतियों का अध्ययन किया। तबीयत उनका साथ नहीं देती थी। बीच-बीच में औषधोपचार के लिए मुंबई जाते रहते थे। उन्होंने लगभग चालीस पृष्ठ की एक पुस्तिका छपवाकर लोकसभा में बँटवाई। उसमें हिंदू कोड बिल में उन्होंने कौन-कौन से शास्त्रसम्मत सुधार किए हैं, यह बताया था। परंतु उनका विधेयक विरोध की आँधी के कारण सन् 1950 के आखिर तक लोकसभा में नहीं रखा गया। इस बीच उन्होंने सांसद् व विधायक की योग्यता व चुनाव संहिता विषयक विधेयक प्रस्तुत किया।

हिंदू कोड बिल पर सारे देश में वाद-विवाद हुआ। इस स्थिति में कुछ लोगों ने कहा कि अभी समय अनुकूल नहीं है। अगर विधेयक पास हो गया तो हिंदू समाज के टुकड़े हो जाएँगे। कुछ लोगों ने कहा कि तात्कालिक सरकार को यह अधिकार नहीं है। सरदार पटेल और डॉ. राजेंद्र प्रसाद भी इस विधेयक के पक्ष में नहीं थे। अतः नेहरूजी को भी इस विषय में अपना मत वापस लेना पड़ा।

इस परिस्थिति में भी आंबेडकर ने हिंदू कोड बिल लोकसभा के समक्ष रखा। उन्होंने कहा कि सिक्ख, जैन व बौद्ध सभी पर हिंदू संहिता ही लागू होगी; क्योंकि इन धर्मों के सामाजिक कानून भिन्न नहीं हैं। अंततोगत्वा इस विधेयक को स्थगित रखा गया। इस कोड बिल के द्वारा वे हिंदू स्त्रियों को संपत्ति आदि के अधिकार देना चाहते थे, परंतु यह संभव नहीं था। इसी बीच उन्होंने एक लेख लिखा, जिसमें कहा कि भारतीय स्त्रियों की अवनति का कारण बुद्ध नहीं, मनु हैं।

डॉ. आंबेडकर ने नेहरूजी से कहा कि मेरी तबीयत दिनोंदिन खराब होती जा रही है, इसलिए मैं चाहता हूँ कि शीघ्र ही हिंदू कोड बिल पास हो जाए। अत: विधेयक को अग्रक्रम देकर लोकसभा में विचारार्थ रखा जाए। आप जानते हैं कि मैं इसे कितना महत्त्व देता हूँ।

नेहरूजी ने कहा कि थोड़ा धैर्य रखना होगा। इस बिल का लोकसभा के अंदर और बाहर दोनों जगह कड़ा विरोध हो रहा है। मंत्रिमंडल का निर्णय है कि इसे सितंबर में विचारार्थ प्रस्तुत किया जाए।

लोकसभा का वह आखिरी अधिवेशन था। लोकसभा के अधिकांश कांग्रेस सभासद् उस विधेयक के विरुद्ध थे। हिंदू कोड बिल का विवाह व तलाकवाला भाग 17 सितंबर को विचारार्थ लिया गया। लोकसभा के चारों ओर पुलिस का पहरा बिठाया गया। स्त्रियों ने सुबह से प्रदर्शन किए। इसमें विधेयक पर विचार शुरू हुआ। अनेक लोगों ने इसके विरोध में भाषण दिए, जिससे नेहरूजी निराश व हतबल हो गए। उन्होंने कहा कि विवाह और तलाक स्वतंत्र विधेयक मानकर स्वीकृत करा लिया जाए। उनसे सहमत होते हुए आंबेडकर ने कहा कि अपरिहार्य व आकस्मिक अड़चनों के कारण इस अधिवेशन में संपूर्ण विधेयक पर विचार नहीं हो सकेगा, अत: इस विवाह और तलाकवाले स्वयंपूर्ण अंश को स्वतंत्र विधेयक माना जाए। परंतु विरोधियों ने लंबे-लंबे भाषण देकर अधिवेशन का समय समाप्त करने का रुख अपनाया। उनके भाषण पर समय का बंधन भी नहीं लगाया गया। चार दिन इसी प्रकार व्यतीत हो गए। इसके बाद आंबेडकर भाषण करते हुए कह गए कि राम ने अन्यायपूर्ण ढंग से सीता का परित्याग किया। बस, अनेक विरोधी स्वर उठने लगे। इस परिस्थिति में आंबेडकर ने नेहरूजी से इस विधेयक को छोड़ देने के लिए कहा। 22 तारीख को कोड बिल की चौथी धारा पर चर्चा हुई, जिसे लोगों ने उत्साह और धिक्कार के बिना तटस्थता से पास कर दिया। परंतु आगे इस विधेयक की असमय मृत्यु हो गई। विवाह और तलाक—इन दो माँगों का भी विचार नहीं हो सका। आंबेडकर के शब्दों में चार धाराएँ स्वीकृत होने के बाद उसे दफन कर दिया गया। उस समय न कोई रोया और न किसी ने उसके प्रति शोक व्यक्त किया।

केंद्रीय विधिमंत्री पद से त्याग-पत्र

26 सितंबर को उन्होंने मंत्रिमंडल से त्यागपत्र दे दिया। उन्होंने त्यागपत्र में लिखा कि मैं बहुत पहले ही त्यागपत्र देना चाहता था, किंतु मुझे आशा थी कि लोकसभा का अधिवेशन समाप्त होने के पूर्व कोड बिल पास हो जाएगा। आपके निर्देश के अनुसार मैंने कोड बिल की मर्यादा विवाह व तलाक तक सीमित कर दी। मैं सोचता था कि कम-से-कम मेरे कष्ट का इतना फल तो मिल जाएगा, परंतु विधेयक के उस भाग का भी ऐसा अंत हुआ। अत: अब मंत्रिमंडल में रहने का कोई अर्थ नहीं बचा।

लोकसभा में डॉ. आंबेडकर को अंतिम भाषण देने का अवसर नहीं मिला। उन्होंने अपना अंतिम भाषण

पत्रकारों को बताया। त्यागपत्र देने के पाँच मुद्दे बताए—(1) आश्वासन के अनुसार नियोजन विभाग नहीं दिया गया और न ही किसी समिति में रखा गया। (2) सरकार दलितों के प्रति उदासीन है। (3) कश्मीर के विषय में मतभेद है। आंबेडकर के अनुसार, कश्मीर का मुस्लिम बहुल भाग मुसलमानों को और हिंदू बहुल भाग भारत को मिलना चाहिए। (4) विदेश नीति से भी मतभेद है। गुट-निरपेक्षता के कारण हमारे कोई मित्र नहीं हो सके। इस कारण सैन्य खर्च बढ़ गया है। (5) हिंदू कोड बिल के प्रति भले ही नेहरूजी प्रामाणिक हों, पर वे उचित दृढ़ता नहीं दिखा सके।

अत: निराश होकर उन्होंने त्यागपत्र दिया है।

आम चुनाव में पराजय

आंबेडकर मुंबई लौट आए। अब वे शेड्यूल्ड कास्ट फेडरेशन का कार्य करने के लिए पूर्णतया मुक्त थे। अक्तूबर 1951 में नई दिल्ली में शेड्यूल्ड कास्ट फेडरेशन दल का चुनावी घोषणा-पत्र तैयार करने के लिए बैठक आयोजित की। इसे उन्होंने अत्यंत परिश्रम से तैयार किया और कांग्रेस, हिंदू महासभा और कम्यूनिस्ट गठबंधन करना अस्वीकार किया। जालंधर में अक्तूबर के अंत में भाषण दिया। लखनऊ में भी विद्यार्थियों की सभा को संबोधित किया। चुनावी प्रचार का कार्य मुंबई की चौपाटी सभा से किया। स्वतंत्रता का श्रेय सुभाष बाबू को दिया, कांग्रेस को नहीं। 'कांग्रेस का कट्टर विरोधी होते हुए भी मैं मंत्रिमंडल में कैसे पहुँचा, यह मेरे जीवन का एक रहस्य है'—यह भी कहा। कांग्रेस दलित और पिछड़ों के हितों के साथ न्याय नहीं कर रही।

इस चुनाव में शेड्यूल्ड कास्ट फेडरेशन की ही नहीं, स्वयं आंबेडकर की भी हार हुई। कुछ दिन पूर्व आंबेडकर को जो स्वागत व आदर मिला था, चुनाव में जनता ने वह सब एकदम हटा दिया। इसका कारण कश्मीर के विभाजन का उनका मत, चुनावी जोश में मुसलमानों की एक सभा में स्वतंत्र मतदार संघ की सलाह, अपने घोषणा-पत्र में विधायक कार्यक्रम का अभाव व कांग्रेस की निंदा आदि कारण रहे। इसके अतिरिक्त अपने स्वास्थ्य की दृष्टि से वे मुंबई के बाहर प्रचार करने नहीं जा सके। दस वर्ष तक वे अपने दल की मशीनरी से दूर थे। श्रममंत्री और विधिमंत्री के रूप में दिल्ली में थे। अत: अपने दल को संगठित करने के लिए कुछ नहीं कर सके थे। साथ ही वे अपने राजनीतिक दल की शक्ति और कर्तृत्व का सही-सही आकलन नहीं कर सके थे।

उनके दल के राजभोज लोकसभा में और बी.सी. कांबले मुंबई विधानसभा में चुनकर आए थे।

राज्यसभा की सदस्यता

इस घोर संकट के समय भी उन्होंने अपने राजनीतिक जीवन का अवसान नहीं माना। उन्होंने कमलाकांत चित्रे को पत्र लिखकर पूछा कि क्या मुंबई विधानसभा के मारफत राज्यसभा में चुने जाने की संभावना है? इस विषय में लोगों और शेड्यूल्ड कास्ट फेडरेशन के प्रमुखों के मतों की जानकारी करके दो।

डॉ. सविता आंबेडकर ने डॉ. कमलाकांत चित्रे को पत्र लिखकर बताया कि राजनीति डॉक्टर आंबेडकर का जीवन है। वही उनके मानसिक व शारीरिक स्वास्थ्य के लिए शक्तिवर्धक टॉनिक है। उन्हें संसदीय कार्यों

की अतिशय चाह है। उनका रोग शारीरिक नहीं, मानसिक है। यदि आंबेडकर भारत के प्रधानमंत्री हो जाएँ तो उनका स्वास्थ्य दौड़ने लायक उत्तम हो जाएगा। यह उनकी आकांक्षा है, जो कभी सफल होगी, हम यह प्रार्थना करें। यद्यपि इस पराभव को उन्होंने सहन कर लिया है, पर स्वास्थ्य और बिगड़ा है। उन्होंने लोकसभा में चुनकर आने पर क्या-क्या करना है, इसकी रूपरेखा बनाकर रखी थी। लोकसभा ही उनके कर्तृत्व की उचित जगह है। अत: उनके विश्वस्त के रूप में यह जिम्मेदारी तुम्हें सौंप रही हूँ।

मुंबई में सत्रह जगहों पर विधानसभा चुनाव होते थे। उनमें एक के लिए उन्होंने चुनाव-पत्र भरा और उन्हें विजय भी प्राप्त हुई। मई 1952 में उन्हें राज्यसभा की सदस्यता प्राप्त हुई।

डी.लिट्. की मानद् उपाधि

इस बीच आंबेडकर को कोलंबिया विश्वविद्यालय द्विशताब्दी महोत्सव में 'डॉक्टर ऑफ लॉज' की मानद् उपाधि दी जाने का निर्णय किया गया। इसके बाद उस्मानिया विद्यापीठ ने आंबेडकर को 'डॉक्टर ऑफ लिट्रेचर' की उपाधि प्रदान की।

आंध्र राज्य विधेयक का विरोध

आंध्र राज्य विधेयक का विरोध करते हुए उन्होंने क्रोध में कहा, ''अल्पसंख्यकों के हितों का संरक्षण करने का, राज्यपालों के विशेष अधिकार का संविधान में अभाव है। लोग, जो मुझे संविधान का निर्माता कहते हैं उन्हें मेरा उत्तर है कि मैं भाड़े का लेखक था। अनेक बातें मुझे मन के विरुद्ध करनी पड़ी हैं।'' इसपर गरम व कड़वा विवाद हुआ।

प्रजातंत्र के विषय में उनका कथन था कि प्रजातांत्रिक सरकारें रक्तपात के बिना ही सामाजिक व आर्थिक परिवर्तन कर सकती हैं। प्रजातंत्र के लिए अनेक बातें आवश्यक हैं; जैसे—सामाजिक समानता व न्याय व शासन की दृष्टि में प्रत्येक व्यक्ति समान हो, समाज में नीति तथा संविधान का पालन व सद-असद् विवेक करने की बुद्धि होना आदि। साथ ही आवश्यक है मजबूत विरोधी पक्ष।

दिसंबर 1953 में राज्यसभा में अस्पृश्यता के संबंध में एक विधेयक विचारार्थ रखा गया। यह विधेयक अछूत-प्रथा का समूल नाश करने के लिए बनाया गया था। इसके अनुसार अस्पृश्यता का कानून तोड़नेवाले को अपराधियों के समान जेल, लाइसेंस आदि रद्द किए जाने के दंड का विधान था। यह कानून हिंदू-अहिंदू—दोनों पर समान रूप से लागू होता था। यह विधेयक सर्वसम्मत हुआ।

लोकसभा उप-चुनाव में भी हार

अप्रैल 1954 में आंबेडकर ने भंडारा से लोकसभा का उप-चुनाव लड़ा। यहाँ उन्होंने कहा कि लोकसभा में विरोधी पक्ष में रहकर लोगों का मार्गदर्शन कर सकूँ, इसलिए लोकसभा में जाना चाहता हूँ। उन्होंने नेहरू सरकार व उनकी विदेश नीति की आलोचना की। कश्मीर प्रश्न के साथ वे चीन और रूस जैसे साम्यवादी देशों की मित्रता के विरुद्ध थे। इस उप-चुनाव में भी आंबेडकर की पराजय हुई। जिस समय परिणाम घोषित हुए, वे रंगून में थे। पंद्रह दिन बाद दिल्ली लौटे।

राज्यसभा में अपनी आवाज उठाई

राज्यसभा में 26 अगस्त, 1954 को विदेश नीति पर आंबेडकर ने भाषण दिया। उन्होंने कहा कि नेहरूजी की विदेश नीति तीन तत्त्वों पर आधारित है—शांति, साम्यवाद व प्रजातंत्र। परंतु साम्यवाद व प्रजातंत्र एक साथ नहीं रह सकते। रूस ने दस यूरोपियन राष्ट्रों को आत्मसात् कर लिया है। उसने चीन, मंचूरिया व कोरिया के प्रदेश भी अपने में जोड़ लिये हैं। रूस स्वयं भारत पर आक्रमण नहीं करेगा, इसकी कोई गारंटी नहीं। साम्यवाद को उन्होंने दावानल कहा, जो रास्ते में आनेवाले सभी को अपना भक्ष्य बनाता है।

उन्होंने चीन के आक्रमण से भी राज्यसभा को सतर्क किया। नेहरूजी ने भारत की सरहद को चीन की सरहद से मिलने में सहायता की है। आक्रमण की जिसे लत लग चुकी है, ऐसा चीन कभी भी भारत पर आक्रमण कर सकता है। माओ के पंचशील तथा तिब्बत पर आक्रमण की संधि पर अधिक विश्वास करना व्यर्थ है। प्रजातांत्रिक देशों की ओर मित्रता का हाथ बढ़ाना ही उचित है। गोआ के विरुद्ध भारत सरकार ने पुलिस कार्रवाई तक नहीं की है।

सितंबर 1954 में सारी बंजर भूमि केंद्रीय सरकार के अधिकार में करने के लिए संविधान में संशोधन करने की सूचना दी। इस बंजर जमीन पर दलितों का पुनर्वसन किया जाए, इसके लिए जमीन की अधिकतम सीमा निर्धारित की जाए व अधिक जमीन ले ली जाए या फिर सरकार मुआवजा देकर जमीन दलितों को दिलवाए। इसके लिए नमक पर 'कर' लगा दिया जाए। इससे बीस करोड़ रुपयों की आय होगी। गांधीजी की स्मृति में नमक पर से कर उठा दिया गया है, परंतु इस योजना के लिए गांधीजी भी स्वर्ग से आशीर्वाद देंगे; क्योंकि हम जानते हैं कि अछूत गांधीजी को प्राणप्रिय थे।

इस प्रकार वे राज्यसभा में भी दलितों के हित के लिए व सरकार की गलत नीतियों के लिए आलोचना किया करते थे।

जीवन संध्या

आंबेडकर की आयु तिरसठ वर्ष की हो गई थी। दलितों के मुक्ति-संग्राम में दिन-रात कठोर परिश्रम करने के कारण उनका शरीर अब साथ नहीं देता था। परंतु दलितों के सुंदर भविष्य की कल्पना अभी अधूरी थी। यद्यपि अब तक वे अछूतों के नागरिक, सामाजिक, राजनीतिक अधिकार और स्वतंत्रता के प्रश्न की ओर संपूर्ण देश का ध्यान खींच चुके थे। अपने अविरत-अखंड प्रयत्नों के द्वारा उन्होंने अछूतों के दु:ख को वाणी दी थी। उनमें आत्माभिमान उत्पन्न किया था। उनके मन पर व्याप्त निराशा और भय को दूर किया। ईसाई मिशनरियाँ व मौलवी अछूत समाज का जो धर्म परिवर्तित करा रही थीं, उनपर जबरदस्ती रोक लगा दी। उन्हें धीरे-धीरे सरकारी विभागों में; जैसे पुलिस, न्यायालय, सेना, नौसेना, वायुसेना आदि में नौकरियाँ मिलने लगीं। उनकी यह प्रगति भी उत्साहजनक ही थी।

अछूतों ने अपने रहन-सहन, आदतों में काफी सुधार किया। परंतु दुर्भाग्य यह हुआ कि जिन्होंने अपनी वैयक्तिक प्रगति कर ली, उन्होंने समाज की ओर पीठ फेर ली। डॉ. धनंजय कीर के शब्दों में, अछूतों में वे नवीन ब्राह्मण बन गए।

आंबेडकर हिंदू समाज की पुनर्रचना, स्वातंत्र्य, समता व उसे बंधुभाव पर अधिष्ठित करना चाहते थे।

तभी हिंदू समाज एकसंघ व बलिष्ठ हो सकता था। हिंदी राष्ट्रभाषा हो, यह उनका निश्चित मत था। वह समस्त भारत के लिए देवनागरी लिपि स्वीकार करने के पक्ष में थे।

डॉ. आंबेडकर का व्यक्तित्व भव्य व तेजस्वी था। स्वभाव क्षणिक क्रोधी व स्वाभिमानी था। उनका जीवन अनवरत दौरों, अखंड अध्ययन व सार्वजनिक कार्यों में बीता। अत: परिवार की ओर वह अधिक ध्यान नहीं दे सके, पर वे कुटुंबवत्सल गृहस्थ थे। यद्यपि उनके पुत्र यशवंत और भतीजे मुकुंद उनसे डरते थे। वे अपने पुत्र यशवंत के विवाह में भी सम्मिलित नहीं हुए थे। डॉ. सविता आंबेडकर ने विवाह संपन्न करवाया था।

अपने अनुयायियों द्वारा आरंभ की गई नमस्कार की नवीन पद्धति 'जयभीम' अंत में उन्होंने भी स्वयं स्वीकार कर ली थी। अपने गुणों, अपनी विद्वत्ता के विषय में उन्हें अत्यधिक आत्मविश्वास था। इसके साथ ही वे विनोदप्रिय भी थे। उनका विनोद अनेक बार मर्मघाती भी होता था।

जीवन के अंतिम दिनों में उन्हें चित्रकला व मूर्तिकला का भी शौक हो गया था। वह संगीत के तो प्रेमी थे ही, पहनने-ओढ़ने के भी शौकीन थे। सुंदर वस्त्र, जूते, नए-नए फाउंटेन पेन आदि के अतिरिक्त राजगृह सजावट की वस्तुओं से परिपूर्ण रहता था।

किंतु उनके व्यक्तित्व का सबसे उज्ज्वल पक्ष था, उनकी ज्ञान-पिपासा। ज्ञान-संपादन ही उनके लिए व्यक्तित्व के विकास का साधन था, और मनोरंजन का भी। ग्रंथ की संगति में उन्हें स्वर्गिक आनंद की प्राप्ति होती थी। दलितों को मानवीय अधिकार दिलाने के लिए उन्हें जो आत्मयज्ञ करना पड़ा, उसके कारण उनके ज्ञानोपार्जन में व्यवधान अवश्य हुआ, अन्यथा वे ज्ञान की दिशा में ही आगे बढ़ते।

अपना ग्रंथालय उन्हें बहुत प्रिय था। फिर भी मित्रों के आग्रह पर उन्होंने अपने ग्रंथालय के सभी ग्रंथ अपने प्रिय सिद्धार्थ महाविद्यालय को आधी कीमत में दे दिए। दिल्ली में उनके निवास-स्थान पर धीरे-धीरे नया ग्रंथालय बन गया।

तीन महान् व्यक्ति और उनके कार्यों का आंबेडकर पर प्रभाव पड़ा था। ये तीन महात्मा थे—बुद्ध, कबीर और ज्योतिबा फुले। स्वयं आंबेडकर अपने अनुयायियों में देवता की तरह पूज्य हैं। अपने अनुयायियों पर उनका प्रभाव उनके जीवनकाल में ही देखने को मिलता है। एक उदाहरण पर्याप्त है। एक बार एक दलित ने एक कांग्रेस मंत्री से प्रार्थना कर पहरेदार की नौकरी पा ली। उसके पुत्र ने आंबेडकर के विरोधी कांग्रेस मंत्री की मारफत नौकरी लेने को अनुचित बताया। पहरेदार ने दूसरे ही दिन जाकर अपनी नौकरी छोड़ दी और कहा कि यह नौकरी करना मेरे लिए अपने राजा आंबेडकर से द्रोह करना है।

स्वभाव से हठी होने पर भी उन्होंने दलितों के उद्धार के लिए अवसर से लाभ उठाने का कोई मौका नहीं खोया।

धर्म पर उनका अटूट विश्वास था। गरीब मनुष्य चोरी नहीं करता, उसका कारण कानून नहीं, धर्म का प्रभाव है। जीवन को नियंत्रित करनेवाली अज्ञात शक्ति पर उनका विश्वास था। निरीश्वरवादी बौद्ध धर्म स्वीकार करने पर उनकी यह श्रद्धा भगवान् बुद्ध की भक्ति में विलीन हो गई।

उन्होंने राजनीतिक दल की स्थापना तो की, पर उसे संगठित करने का पूर्ण प्रयास नहीं किया। वार्षिक और साधारण सभाएँ भी समय पर आयोजित नहीं कीं। अवसर आने पर वह अपने निवास-स्थान पर ही लंबित प्रश्नों के निर्णय ले लिया करते थे। ये निर्णय एक राजा के समान होते थे, जिन्हें उनके कार्यकारी मंडल को

स्वीकार करना ही होता था। इसका कारण था कि उनका आंबेडकर की प्रामाणिकता, सामर्थ्य, त्याग व ज्ञान पर अटूट विश्वास था। उनकी एक आवाज पर लोग एक झंडे के तले एकत्र हो जाते थे। परंतु उसके बाद ध्वज उनके अध्ययन-कक्ष में सुशोभित रहता और लोग अपने-अपने घरों में।

□

अब आंबेडकर मन से पूर्णतया बौद्ध हो चुके थे। धर्म-परिवर्तन का काम शेष था। दिसंबर 1954 में वे तृतीय विश्व बौद्ध सम्मेलन में भाग लेने के लिए रंगून पहुँचे। उनकी पत्नी और उनके पी.ए. काशीराम विश्राम सवादकर भी उनके साथ थे। इस अधिवेशन में भाषण देने के पूर्व वे भावुक हो उठे थे। उनकी आँखों से आँसुओं की धाराएँ निकलने लगी थीं। उन्होंने कहा, ''आज श्रीलंका और ब्रह्मदेश बौद्ध धर्म की दृष्टि से उल्लेखनीय हैं। परंतु धार्मिक उत्सवों में पानी की तरह पैसा बहाने की अपेक्षा इस पैसे का उपयोग अन्य देशों में बौद्ध धर्म के प्रचार के लिए किया जाए।'' उन्होंने बौद्ध धर्म का विरोध करनेवालों का अपने से वाद-विवाद करने के लिए आह्वान किया। यह भी कहा कि मैं बौद्ध धर्म के प्रचार का कार्य करूँगा। संविधान में मैंने इस दृष्टि से अनुकूल धाराओं का अंतर्भाव किया है।

बौद्ध धर्म व संस्कृति विषयक अपने कार्यों का उल्लेख करते हुए उन्होंने कहा कि राष्ट्रपति भवन के दर्शनीय भाग में एक बौद्ध धर्मीय सुभाषित, भारत के राष्ट्रध्वज में अशोक चक्र व बुद्ध जयंती की छुट्टी—यह सब मेरे ही प्रयत्नों का फल है। पालि भाषा के अध्ययन को प्रोत्साहन मिले, इसके लिए भी मैंने उपाय किए। मुंबई और औरंगाबाद में मैंने दो महाविद्यालय स्थापित किए हैं। हिंदुस्तान में पुन: बौद्ध धर्म का प्रसार असंभव नहीं है। उसके लिए पर्याप्त धन की आवश्यकता है। अब लोगों की मनोभूमि तैयार हो गई है।

भारत लौटकर उन्होंने पूना के पास देहू रोड पर नवनिर्मित बुद्ध विहार में बुद्ध की मूर्ति का अनावरण किया। और बड़े अभिमान से कहा कि बारह सौ वर्षों के बाद बुद्धमूर्ति की प्राण-प्रतिष्ठा करने का श्रेय दलित समाज को है। बौद्ध धर्म पर सामान्य मनुष्य के लिए सरल भाषा में एक ग्रंथ लिख रहा हूँ, जिसे पूर्ण होने में एक वर्ष लगेगा। इसके बाद मैं बौद्ध धर्म स्वीकार करूँगा।

बौद्ध धर्म की दीक्षा के विषय में उन्होंने कहा कि मैंने बौद्ध धर्म की दीक्षा के लिए एक संस्कार-पद्धति तैयार की है। बौद्ध धर्म की दीक्षा लेते समय प्रत्येक को वह संस्कार करना होगा। कारण सामान्य मनुष्य का धर्मांतर धर्मांतरण न होकर एक नामधारी चीज हो जाती है। अत: बौद्ध धर्म की दीक्षा लेते समय एक विशिष्ट समारंभ की आवश्यकता है।

सन् 1955 में उन्होंने एक दूसरी घोषणा की। भारत में बौद्ध धर्म का प्रचार करने के लिए बंगलौर में एक भव्य इमारत बनाई जाएगी। इसमें आसपास विहार व कक्षाएँ होंगी। एक बृहत् वाचनालय, शिक्षक-विद्यार्थी व संशोधक विद्वान् होंगे, जिनके लिए धर्मशाला होगी। विश्व के प्रसिद्ध पंडितों द्वारा बौद्ध धर्म पर लिखित पुस्तकों को छापने के लिए एक मुद्रणालय होगा। इसके लिए मैसूर के राजा ने पाँच एकड़ जमीन देने को कहा था। विश्व बौद्ध सभा व बौद्ध शासन मंडल ने आर्थिक व तांत्रिक मदद देने की घोषणा की थी।

एक बार डॉ. फेलिक्स वायली मुंबई आए। सिद्धार्थ महाविद्यालय में बौद्ध धर्म पर उनका भाषण हुआ। सिद्धार्थ महाविद्यालय के प्राध्यापक केणी ने डॉ. फेलिक्स के कुछ विधानों की आलोचना की। परिणामस्वरूप उन्हें अपना प्राध्यापक पद छोड़ना पड़ा। सिद्धार्थ महाविद्यालय पीपुल्स एजुकेशन सोसाइटी की शिक्षण संस्था

थी। इसके अध्यक्ष डॉ. आंबेडकर थे। संभवत: उन्हें बौद्ध धर्म की आलोचना सहन नहीं हुई होगी अथवा अतिथि के वक्तृत्व पर टीका करना शिष्टाचार के विरुद्ध रहा होगा। इस घटना से डॉ. आंबेडकर की बौद्ध धर्म के प्रति आस्था भी व्यक्त होती है।

आंबेडकर ने मुंबई में एक समिति स्थापित की 'बुद्धिस्ट सोसाइटी ऑफ इंडिया'। दीक्षा लेने के बाद इसका नामकरण किया 'भारतीय बौद्ध महासभा'। उन्होंने इसका आरंभ चुने हुए कार्यकर्ताओं को लेकर किया था।

27 अगस्त, 1955 को डॉ. आंबेडकर की अध्यक्षता में शेड्यूल्ड कास्ट फेडरेशन की बैठक हुई। इसमें एक प्रस्ताव पास किया गया, जिसमें लोकसभा, विधानसभा, जिला परिषदों आदि में अस्पृश्य वर्गों को दी गई विशेष सुविधाएँ रद्द करने की माँग की गई; क्योंकि अब इन सुविधाओं की आवश्यकता नहीं। इसका कारण था कि इन आरक्षित स्थानों का लाभ कांग्रेस समर्थक हरिजनों को ही मिलता था।

दूसरा प्रस्ताव था कि गोआ हिंदुस्तान में जोड़ा जाए।

इस बैठक में शेड्यूल्ड कास्ट फेडरेशन का नया संविधान बनाया गया। राजभोज के स्थान पर खोब्रागडे की कार्यवाहक के रूप में नियुक्ति की गई। इसपर राजभोज ने कहा कि आंबेडकर तानाशाही वृत्ति से व्यवहार करते हैं। दूसरे विवाह के पश्चात् उनका अपने पक्ष से संबंध टूट गया है।

निरंतर गिरता हुआ स्वास्थ्य

मई 1955 से उनका स्वास्थ्य और तेजी से बिगड़ता गया। डॉक्टरों की सलाह से उनके दाँत पहले ही निकाले जा चुके थे। घर में उठने-बैठने के लिए उनको सहारे की आवश्यकता पड़ती थी। उन्हें घर में ही पंद्रह दिन में दो बार ऑक्सीजन देनी पड़ती थी। ठंड में यंत्र से शरीर को गरम करना पड़ता था। विद्युत्-स्नान भी करना पड़ता था। उनका वजन तेजी से कम हो रहा था। इसी बीच उनकी अपने निष्ठावान् सहयोगी कमलाकांत चित्रे से झड़प हो गई थी। इन दिनों अनेक अन्य सहयोगियों से उनका दुराव हो गया था। अपने स्वास्थ्य की दृष्टि से लोकसभा अधिवेशन से छुट्टी लेकर वह औरंगाबाद चले गए थे।

इस बीच उन्होंने 'बुद्ध एंड हिज धम्म' नामक ग्रंथ पूर्ण कर लिया था। इसके साथ 'बुद्ध एंड कार्ल मार्क्स' व 'रेवोल्युशन एंड काउंटररेवोल्युशन इन इंडिया' नामक ग्रंथ कुछ अपूर्ण रह गए थे।

अपने जीवन की महत्त्वपूर्ण उपलब्धि समझकर आंबेडकर 'बुद्ध और उनका धर्म' पुस्तक शीघ्र प्रकाशित कर लेना चाहते थे। प्रूफ रीडिंग करते-करते उसमें नया अंश जोड़ देते थे, जिससे उसमें विलंब हो रहा था। दूसरी ओर स्थापित होनेवाले रिपब्लिकन पक्ष के लिए, तरुणों को प्रशिक्षित करने के लिए वह एक ट्रेनिंग स्कूल खोलने में भी उलझे हुए थे। इस ट्रेनिंग स्कूल में विधानसभा के कामकाज का प्रशिक्षण दिया जाना था। यह विद्यालय जुलाई 1956 से मार्च 1957 तक चला। दुर्भाग्य से संस्थापक-संचालक डॉ. आंबेडकर ने इस संस्था को कभी भेंट नहीं दी।

24 मई, 1956 में बुद्ध जयंती के अवसर पर उन्होंने बौद्ध धर्म ग्रहण करने की घोषणा की। यह मुंबई में उनका अंतिम भाषण था।

आंबेडकर 1956 के जून से अक्तूबर तक फिर अपने दिल्ली के अलीपुर रोड के निवास पर ही रहे।

शारीरिक कष्टों से उनका मन व्यथित हो गया था। उनके पैरों को शरीर का भार झेलना असह्य प्रतीत हो रहा था। दृष्टि कमजोर होती जा रही थी। अपने पंगुत्व और शिथिलता को देखकर अपने जीवन में अपना लक्ष्य पूरा नहीं कर सकेंगे, इस दुःख से रोने भी लगते। मृत्यु सामने दिखाई देती थी। अपने पक्ष के लोगों में नेतृत्व और सत्ता के लिए लड़ाई देखकर उन्हें और अधिक दुःख होता था। नानकचंद रट्टू की मारफत उन्होंने अंतिम संदेश दिया कि अछूतों को इस स्थिति तक लाने के लिए मैंने जो प्रयत्न किया है, उस काफिले को वे यदि आगे न ले जा सकें, तो पीछे कदापि न ले जाएँ।

भारतीय रिपब्लिकन पक्ष की स्थापना की कल्पना

डॉ. आंबेडकर एक नए राजनीतिक दल की स्थापना करना चाहते थे। उसका नाम उन्होंने रिपब्लिकन पक्ष रखा था। वे सोचते थे कि अब शेड्यूल्ड कास्ट फेडरेशन की नहीं, अपितु सभी वर्गों को मिलाकर एक दल की स्थापना करनी चाहिए, जो एक अच्छा विपक्ष सिद्ध हो। उसकी नींव स्वतंत्रता, समता और बंधुता पर आधारित हो। पर अपने जीवन काल में उन्हें यह अवसर नहीं मिला। उनकी मृत्यु के बाद इस दल की स्थापना की गई।

बौद्ध धर्म की दीक्षा

14 अक्तूबर, 1956 को उन्होंने धर्मांतर का दिन निश्चित किया। उनके निष्ठावान् अनुयायियों ने अत्यंत उत्सुकता से इसपर चर्चा की। दीक्षा समारंभ के लिए मुंबई, सारनाथ और नागपुर—तीन स्थानों की चर्चा की गई। बुद्ध धर्मीय नाग लोगों की पुण्यभूमि होने से नागपुर ही उन्हें विशेष प्रिय मालूम हुआ। उन्होंने कहा, ''मैं अपने गुरु महात्मा बुद्ध का संदेश चारों दिशा में प्रसारित कर एक बार पुनः धर्मचक्र परिवर्तन करना चाहता हूँ। मेरे सभी लोग मेरे साथ धर्म-परिवर्तन करें, इसी विचार से मैं धर्म-परिवर्तन के दिन आगे-आगे बढ़ाता रहा हूँ। पर अब धर्मांतर को अधिक आगे नहीं बढ़ाया जा सकता, क्योंकि मेरा शरीर अधिक साथ नहीं देगा। जिन्हें मेरे साथ आना हो आएँ, अन्यथा वे स्वतंत्र हैं।''

भारतीय बौद्धजन समिति के कार्यवाह वा.म. गोडबोले को उन्होंने दिल्ली बुलाकर दीक्षा समारंभ की विस्तृत चर्चा की; क्योंकि वे इसे अत्यंत आकर्षक व विशाल ढंग से संपन्न करना चाहते थे। समिति ने एक जाहिर-पत्र निकाला कि दलित समाज के लोग सफेद कपड़े पहनकर बड़ी संख्या में दीक्षित होने के लिए नागपुर आएँ। 23 सितंबर को एक अन्य पत्रक निकालकर घोषणा की कि विजयादशमी के दिन 14 अक्तूबर, 1956 को सुबह नौ से ग्यारह बजे के बीच बौद्ध धर्म की दीक्षा ली जाएगी। इसके लिए गोरखपुर जिले के कुसीनारा के महास्थविर चंद्रमणि को विशेष रूप से आमंत्रित किया गया था।

आंबेडकर ने स्वयं एक शपथ विधि तैयार की थी। भारतीय महाबोधि संस्था के देवप्रिय बालीसिंह को भी आमंत्रित किया गया। इस क्रांतिकारी घटना से प्रफुल्लित होकर 'महाबोधि' मासिक ने छापा कि इस अवसर पर जो साधु-साधु की ध्वनि सारे विश्व में उठेगी, वह तथागत के चरणों तक पहुँचेगी।

आंबेडकर विमान से 11 अक्तूबर की दोपहर को ही नागपुर पहुँच गए थे। वे श्याम होटल में ठहरे। अछूत, विशेषतः महार जाति के लोग, पंद्रह दिन तक नागपुर में रहे। 'भगवान् बुद्ध की जय', 'बाबा साहब

की जय' तथा 'बाबा साहब करें पुकार, बौद्ध धर्म को करो स्वीकार' आदि नारों की प्रतिध्वनि से सारे रास्ते गूँज उठे थे।

चौदह एकड़ भूमि पर एक ओर श्वेत वस्त्र से आवृत्त व्यासपीठ बनाया गया था। दोनों ओर भव्य मंडप थे। सारे मार्ग तोरण और बौद्ध धर्म की ध्वजाओं से सुशोभित थे। आंबेडकर ने कहा, "मैं अपने लोगों को हीनयान महायान जैसे भेदों से दूर रखकर भगवान् बुद्ध के मूल उपदेशों की शिक्षा दूँगा। यह एक प्रकार का नवयान या नवबौद्ध धर्म है। बौद्ध धर्म भारतीय संस्कृति का ही एक भाग है। उनकी भविष्यवाणी थी कि दस-पंद्रह वर्षों में सारा देश बौद्ध देश होगा। ब्राह्मण सबसे बाद में बौद्ध धर्म स्वीकार करेंगे। मैं अपने अज्ञानी लोगों को बौद्ध धर्म की शिक्षा दूँगा।"

महास्थविर चंद्रमणि व अन्य चार भिक्षुओं ने डॉ. आंबेडकर व उनकी पत्नी को बौद्ध धर्म की दीक्षा दी उसमें उन्होंने त्रिशरण और पंचशील के अतिरिक्त स्वयं निर्मित बाईस शपथें लीं। इसके पश्चात् उन्होंने अपने लगभग तीन लाख अनुयायियों को बौद्ध धर्म की दीक्षा दी। दूसरे दिन भी उन्होंने अपने अन्य अनुयायियों को बौद्ध धर्म की दीक्षा दी। इस समय उन्होंने कहा कि बौद्ध धर्म ग्रहण करने पर भी तुम्हें मिलनेवाली सुविधाएँ मिलेंगी, संविधान में मैंने इसकी व्यवस्था की है। बौद्ध धर्म की प्रतिष्ठा सँभालने की तुमपर महत्त्वपूर्ण जिम्मेदारी है। तुम्हें धर्म की अपेक्षा राजनीति में अधिक रस मिलता है, पर मेरे लिए धर्म महत्त्वपूर्ण है।

इस अवसर पर उन्होंने अपने अनुयायियों को यह उपदेश दिया कि देश की उन्नति व समृद्धि के लिए इतर लोगों से मिलकर काम करना चाहिए। संविधान में समानता का अधिकार मिल जाने पर संकुचित दृष्टिकोण का त्याग करना ही उचित है। 16 अक्तूबर को चंद्रपुर में एक दीक्षा समारंभ में उन्होंने दीक्षाएँ दीं।

आंबेडकर अपनी प्रतिज्ञा पूरी कर अत्यंत प्रसन्न थे। अब वह उत्तर भारत में बौद्ध धर्म का प्रचार करना चाहते थे।

काठमांडू में आयोजित चतुर्थ बौद्ध विश्व परिषद् में आंबेडकर सपत्नीक उपस्थित हुए। 20 नवंबर को उन्होंने 'बुद्ध और कार्ल मार्क्स' विषय पर भाषण दिया। लौटते हुए बनारस विद्यापीठ में भाषण दिए।

अंतिम यात्रा

दिल्ली पहुँचकर आंबेडकर फिर खिन्न व उदासीन दिखाई देने लगे। 1 दिसंबर को दिल्ली में ही मथुरा रोड पर बुद्धिस्ट आर्ट गैलरी को भेंट दी। 2 दिसंबर को अशोक विहार में दलाई लामा के सम्मान में आयोजित समारोह में उपस्थित हुए। 6 दिसंबर को वे मुंबई में अपने अनुयायियों को दीक्षा देने वाले थे, जिसके लिए उन्होंने अपने निकटस्थ नानकचंद रट्टू को 14 दिसंबर के रेल टिकटों की व्यवस्था करने को कहा। कांग्रेस विरोधी महाराष्ट्रियन नेता प्र.के. अत्रे व श्री.म. जोशी को अपने संस्थापित होनेवाले रिपब्लिकन नामक राजनीतिक दल में सम्मिलित होने के लिए लिखा। 5 तारीख को उन्होंने जैनों के प्रतिनिधियों से चर्चा की, जिन्होंने उन्हें दूसरे दिन एक कार्यक्रम में उपस्थित होने का निमंत्रण दिया। नानकचंद रट्टू ने उनके हाथ-पैर व सिर में तेल लगाया। उन्हें कुछ अच्छा लगा और वे 'बुद्धं शरणं गच्छामि' गुनगुनाने लगे। रात के सवा ग्यारह बजे थोड़ा खाकर कुछ ग्रंथों को उलट-पलटकर वे सो गए। रट्टू ने भी घर जाने का विचार किया। रट्टू 4 तारीख को घर नहीं गए थे। रात-भर वहीं सोकर सुबह होटल में खाकर ऑफिस चले गए थे। ऑफिस से

लौटकर उनका टाइपिंग व सेवा का काम किया। अब घर जाना चाहते थे। भूख भी सता रही थी। परंतु साइकल निकालते-निकालते आंबेडकर के रसोइए सुदामा ने आवाज लगाई कि बाबा साहब बुला रहे हैं। आंबेडकर ने उन्हें 'बुद्ध और उनका धर्म' की प्रस्तावना तथा तीनों पत्र टेबल पर निकालकर रखने के लिए कहा।

इसके बाद आंबेडकर सो गए। रट्टू अपने घर चले गए। सुबह उनकी पत्नी सविता ने देखा कि उनका एक पैर तकिए पर है। वे बाग में घूमने चली गईं, जो उनका नियमित क्रम था। लौटकर उन्हें जगाया तो वे चिरनिद्रा में जा चुके थे। उन्होंने नानकचंद रट्टू को बुलवाया। घंटे-भर में लोग वहाँ जमा हो गए।

नेहरूजी व अन्य मंत्री खबर सुनते ही अंत्यदर्शन के लिए आए। ट्रक से उनकी शवयात्रा विमानतल पर पहुँची, जिसे पहुँचने में पाँच घंटे लगे। रात साढ़े नौ बजे विशेष विमान से शव मुंबई लाया गया। विमानतल पर रात तीन बजे ही हजारों लोग उपस्थित थे। उनके निवास-स्थान पर मृतदेह को ले जाया गया, जहाँ आठ घंटे से व्याकुल लोग अंत्यदर्शन के लिए उपस्थित थे। सारी मुंबई मानो दुःख के सागर में डूब गई थी। शवयात्रा 7 दिसंबर को साढ़े सात बजे श्मशान पहुँची, जहाँ बौद्ध भिक्षुओं द्वारा उनका अंतिम संस्कार किया जाना था। उनके अंतिम संस्कार के पूर्व उनकी मृतदेह के समक्ष एक लाख अनुयायियों ने बौद्ध धर्म की दीक्षा ली, जो 16 दिसंबर को निश्चित की गई थी। अनेक नेताओं और समाचार-पत्रों ने उन्हें अपनी श्रद्धांजलियाँ अर्पित कीं।

आंबेडकर की मृत्यु के ग्यारहवें दिन दिल्ली में विशाल सभा हुई, जिसमें उनके अनुयायियों ने डॉ. आंबेडकर की मृत्यु की जाँच करने की माँग की। यशवंतराव आंबेडकर ने दिल्ली पुलिस से यह शिकायत प्रस्तुत की। उसके अनुसार जाँच हुई और 26 नवंबर, 1957 को जाँच रिपोर्ट मिली कि उनकी मृत्यु नैसर्गिक रूप में हुई।

अनेक आंबेडकरवादियों का विचार है कि डॉ. आंबेडकर के अपनी दूसरी पत्नी के साथ संबंध अच्छे नहीं थे, परंतु डॉ. धनंजय कीर के अनुसार उन्होंने अपनी अंतिम पुस्तक 'बुद्ध और उनका धम्म' में अपनी पत्नी और डॉ. मालवणकर का आभार माना है, जिन्होंने पाँच वर्ष तक उनकी बुझती हुई जीवन-ज्योति को जलाए रखा। परंतु प्रास्ताविक के इस अंश को छापा नहीं गया, यह गूढ़ रहस्य ही है। दुर्भाग्य से डॉ. सविता आंबेडकर व यशवंतराव आंबेडकर को संपत्ति में हिस्से के लिए न्यायालय में जाना पड़ा।

मरणोपरांत 'भारत रत्न'

मरणोपरांत बाबा साहब को 'भारत रत्न' की उपाधि दी गई। देर-सबेर भारत सरकार ने अपनी भूल सुधार ली। उनकी ओर से भारत रत्न की उपाधि उनकी पत्नी डॉ. सविता आंबेडकर ने राष्ट्रपति श्री रामास्वामी वेंकटरामन से दिनांक 14 अप्रैल, 1990 को ग्रहण की।

डॉ. आंबेडकर : जीवन घटनाक्रम

14 अप्रैल, 1891 — सूबेदार रामजी तथा श्रीमती भीमाबाई आंबेडकर की चौदहवीं तथा अंतिम संतान के रूप में मध्य प्रदेश, महू छावनी में जन्म।

1896 — बाबा साहब की माता भीमाबाई की मृत्यु।

नवंबर 1900 — गवर्नमेंट वर्नाकुलर हाई स्कूल, सतारा में प्रवेश।

अप्रैल 1906 — श्री भीखू वालंगकर की पुत्री रमाबाई से विवाह।

जनवरी 1908 — मुंबई यूनिवर्सिटी से मैट्रिक पास किया।

जनवरी 1908 — एलफिंस्टन कॉलेज, मुंबई में प्रवेश लिया।

दिसंबर 1912 — पुत्र यशवंतराव का जन्म।

जनवरी 1913 — फारसी और अंग्रेजी विषय लेकर बी.ए. की परीक्षा पास की।

फरवरी 1913 — पिता सूबेदार रामजी आंबेडकर की मृत्यु।

जुलाई 1913 — पॉलिटिकल साइंस के संकाय (फैकल्टी) में शिक्षा प्राप्त करने के लिए न्यूयार्क विश्वविद्यालय, कोलंबिया में गायकवाड़ छात्रवृत्ति ली।

1915 — मुख्य रूप में अर्थशास्त्र (इकॉनोमिक्स) में तथा समाजशास्त्र, इतिहास, दर्शनशास्त्र, मानवशास्त्र तथा राजनीति के अन्य विषय लेकर एम.ए. पास किया।

मई 1916 — प्रोफेसर गोल्डनवीजर की मानव शास्त्रीय (आंथ्रापोलॉजी) गोष्ठी के सामने भारत में जातियों पर लेख पढ़ा। यही लेख आगे जाकर मई 1917 में इंडियन एंटिक्कारी में प्रकाशित हुआ। यही लेख डॉक्टर आंबेडकर की कृतियों में सबसे प्रथम पुस्तक के रूप में भी प्रकाशित हुआ था।

1916 — पी-एच.डी. की डिग्री प्राप्त करने के लिए नेशनल डिविडेंट ऑफ इंडिया (एक ऐतिहासिक और विश्लेषणात्मक स्वाध्याय) के शीर्षक से एक थीसिस लिखी।

जून 1916 — लंदन स्कूल ऑफ इकॉनोमिक्स एंड पॉलिटिकल साइंस, लंदन में पी-एच.डी. की डिग्री का काम संपूर्ण करके कोलंबिया यूनिवर्सिटी को छोड़ने के पश्चात् ग्रेजुएट विद्यार्थी के तौर पर दाखिला लिया।

1917 — कोलंबिया यूनिवर्सिटी ने पी-एच.डी. की डिग्री प्रदान की।

जून 1917 — एम.एस-सी. (इकॉनोमिक्स) की थीसिस की तैयारी के लिए लंदन में एक बरस व्यतीत करने के पश्चात् भारत लौट आए। पढ़ाई का काम पूरा होने से पहले ही

यह वापसी महाराजा बड़ौदा द्वारा दी गई छात्रवृत्ति की समाप्ति के कारण जरूरी हो गई थी।

1917 — महाराजा बड़ौदा (गायकवाड़) द्वारा उन्हें मिलिट्री सेक्रेटरी के पद पर इस इरादे से नियुक्त किया गया था कि कुछ समय के अनुभव ग्रहण करने के पश्चात् उन्हें बड़ौदा राज्य का वित्तमंत्री बनाया जाएगा; किंतु इसके थोड़े दिनों के पश्चात् ही उन्हें जन्म से नीच जाति का मानकर लोगों द्वारा उनके साथ किए गए दुर्व्यवहार के कारण यह पद छोड़ देना पड़ा।

1917 — भारत में स्मॉल होल्डिंग (अल्पक्षेत्र) और उनके उपायों पर पुस्तक प्रकाशित हुई।

1918 — फ्रंचाइज पर साउथबोरो कमीशन के समक्ष गवाही दी।

नवंबर 1918 — सैडनहॅम कालेज ऑफ कॉमर्स एंड इकॉनोमिक्स मुंबई में पॉलिटिकल इकॉनोमी (राजनीतिक बचत) के प्राध्यापक (प्रोफेसर) हुए।

जनवरी 1920 — भारतवासी दलित वर्गों के हितैषी 'मूकनायक' साप्ताहिक पत्र (मराठी) का प्रारंभ किया।

सितंबर 1920 — लंदन स्कूल ऑफ इकॉनोमिक्स एंड पॉलिटिकल साइंस और इसके साथ-साथ वकालत पढ़ने के लिए ग्रेइन्न लंदन में भी दाखिला लिया।

जून 1921 — यूनिवर्सिटी, लंदन द्वारा एम.एस-सी. (इको.) की डिग्री हासिल करने के लिए प्राविंशियल डिसंट्रलाइजेशन ऑफ इंपीरियल फाइनेंस इन ब्रिटिश इंडिया पर लिखी गई थीसिस स्वीकार कर ली गई।

1922-23 — जर्मनी की वोन यूनिवर्सिटी में अर्थशास्त्र की पढ़ाई करने के लिए कुछ महीने व्यतीत किए।

मार्च 1923 — डी.एस-सी. इकॉनोमिक्स की डिग्री प्राप्ति के लिए 'प्रोब्लम ऑफ दि रूपी इन का मूल स्रोत एवं इसका समाधान' नामक थीसिस स्वीकार की गई, यह थीसिस लंदन की पी.एस.किंग एंड कंपनी ने दिसंबर 1923 में प्रकाशित की थी। यही थीसिस थेकर एंड कंपनी, मुंबई द्वारा 'हिस्ट्री ऑफ इंडियन करेंसी एंड बैंकिंग, वोल्यूम-1' के शीर्षक से मई 1947 में दोबारा प्रकाशित हुई।

1923 — वकील बने।

अप्रैल 1923 — भारत में वापसी।

जून 1923 — हाई कोर्ट ऑफ ज्यूडिकेचर कोर्ट, मुंबई में वकालत का व्यवसाय प्रारंभ किया।

जुलाई 1924 — दलित वर्गों के उत्थान के लिए बहिष्कृत हितकारिणी सभा की स्थापना की।

1925 — भारत में इंपीरियल फ़ाइनेंस के प्रांतीय विकेंद्रीकरण पर एक विवेचनात्मक पुस्तक 'ब्रिटिश भारत में प्रांतीय अर्थव्यवस्था का विकास' प्रकाशित हुई।

1926 — भारतीय करेंसी (सिक्के) पर रॉयल कमीशन (हिल्टन यंग कमीशन) के समक्ष गवाही दी।

1926 — मुंबई प्रेजिडेंसी की लेजिस्लेटिव काउंसिल के मेंबर नामजद (मनोनीत) हुए।

मार्च 1927 — चावदार तालाब में पानी लेने में अछूतों के अधिकार की उपलब्धि के लिए महाड़ (रत्नागिरी जिला) पर सत्याग्रह किया।

अप्रैल 1927 — 'बहिष्कृत भारत' नामक एक पाक्षिक पत्र निकालना आरंभ किया।

मई 1928 — इंडियन स्टेच्युटरी कमीशन (साइमन कमीशन) के समक्ष गवाही दी।

जून 1928 — गवर्नमेंट लॉ कॉलेज, मुंबई में प्राध्यापक (प्रोफेसर) बने।

1928-29 — साइमन कमीशन की मुंबई प्रेजिडेंसी कमेटी के सदस्य बने।

मार्च 1930 — अछूतों के मंदिर-प्रवेश अधिकार की प्राप्ति के लिए कालाराम मंदिर, नासिक पर सत्याग्रह किया।

दिसंबर 1930 — साप्ताहिक 'जनता' पत्र जारी किया।

1932 — गोलमेज कॉन्फरेंस, लंदन में डेलीगेट बने।

सितंबर 1932 — राम्जे मेकडानल्ड द्वारा कम्युनल अवार्ड में अछूतों के पृथक् निर्वाचन प्रतिनिधित्व के अधिकारों को गांधीजी की जीवन-रक्षा के लिए छोड़कर, गांधी के साथ किए गए पूना पैक्ट पर हस्ताक्षर किए और संयुक्त निर्वाचन को मंजूर किया।

1932-34 — इंडियन कॉस्टीट्यूशनल रिफार्म संबंधी ज्वाएंट पार्लियामेंट्री कमेटी के मेंबर बने।

मई 1935 — श्रीमती रमाबाई आंबेडकर (पत्नी) की मृत्यु।

जून 1935 — गवर्नमेंट लॉ कॉलेज, मुंबई के प्रिंसिपल और तभी ज्यूरिस प्रूडेंसी के पेरी प्रोफेसर बने।

सितंबर 1935 — येवाला (नासिक जिला) की कॉन्फरेंस में हिंदू धर्म छोड़ने के निर्णय की घोषणा की।

दिसंबर 1935 — में 1936 ईस्टर की छुट्टियों के दिनों में जाति-पाँत तोड़क मंडल, लाहौर (पंजाब) की ओर से की जानेवाली वार्षिक कॉन्फरेंस में अध्यक्षता करने के लिए आमंत्रित किए गए।

1936 — इस अवसर पर तैयार किए गए प्रधान पदीय अभिभाषण को स्वागतकारिणी कमेटी द्वारा आग्रह किए जाने पर भी नहीं दिया जा सका। यही अभिभाषण 'जातिवाद का उच्छेद' (Anhilation of Caste) नामक शीर्षक से 1936 में पुस्तक रूप में प्रकाशित हुआ। इस पुस्तक का दूसरा संस्करण 1937 में छपा और उस संस्करण में अभिभाषण के मूल विचारों के साथ गांधीजी के हरिजन में दो लेख, जिनमें गांधीजी ने डॉक्टर आंबेडकर के अभिभाषण की आलोचना की थी और उस आलोचना पर डॉक्टर आंबेडकर ने अपना उत्तर दिया था, प्रकाशित हुए थे।

अगस्त 1936 — इनडिपेंडेंट लेबर पार्टी की स्थापना की।

जनवरी 1937 — मुंबई लेजिस्लेटिव असेंबली में सदस्य निर्वाचित हुए।

जनवरी 1939 — गोखले स्कूल ऑफ पॉलिटिक्स एंड इकॉनोम्स, पूना के काले मिमोरियल व्याख्यान

पर गवर्नमेंट ऑफ इंडिया एक्ट-1935 में सुझाई गई ऑल इंडिया फेडरेशन स्कीम की प्रखर आलोचना की। यह व्याख्यान मार्च 1939 में फेडरेशन बनाम फ्रीडम शीर्षक के अधीन एक ट्रैक्ट के रूप में प्रकाशित हुआ।

अप्रैल 1942 — ऑल इंडिया शेड्यूल्ड कास्ट फेडरेशन की स्थापना की।

जुलाई 1942 — गवर्नर जनरल ऑफ इंडिया की कार्यकारिणी परिषद् (एक्जीक्यूटिव काउंसिल) में लेबर मेंबर बने।

दिसंबर 1942 — पैसीफिक रिलेशन इंस्टीट्यूट के तत्त्वावधान में केनेडा में आयोजित कॉन्फरेंस के अवसर पर इसके भारतीय सेक्शन को भारत में अछूतों की समस्याओं के संबंध में एक लेख प्रस्तुत किया। यह लेख कॉन्फरेंस की कार्यवाही में मुद्रित हुआ और दिसंबर 1943 में मिस्टर गांधी और अछूतों की मुक्ति (Mr. Gandhi and Emancipation of the untouchables) नामक शीर्षक के अधीन पुस्तक रूप में प्रकाशित हुआ।

जनवरी 1943 — महादेव गोविंद रानाडे के एक सौ एकवें जन्मदिवस के अवसर पर एक लिखित अभिभाषण पढ़ा। यही अभिभाषण रानाडे, गांधी और जिन्ना के शीर्षक से पुस्तक रूप में अप्रैल 1943 में प्रकाशित हुआ।

जनवरी 1943 — थॉट्स ऑन पाकिस्तान (पाकिस्तान पर विचार) और इसका दूसरा संस्करण 'पाकिस्तान या भारत का बँटवारा' नामक शीर्षक फरवरी 1945 में प्रकाशित हुआ। इसी रचना का तीसरा संस्करण भारत का पॉलिटिकल किसका, क्यों और कैसे शीर्षक से 1946 में पाकिस्तान या भारत का विभाजन प्रकाशित हुआ।

जून 1945 — 'गांधी और कांग्रेस ने अछूतों के लिए क्या किया?' पुस्तक प्रकाशित हुई।

अप्रैल 1945 — पीपुल्स एजुकेशन सोसाइटी की स्थापना की।

अप्रैल 1946 — सिद्धार्थ कॉलेज, मुंबई का उद्घाटन किया।

जुलाई 1946 — गवर्नर जनरल (वाइसराय) की एग्जीक्यूटिव काउंसिल की सदस्यता को छोड़ दिया।

सितंबर 1946 — ब्रिटिश गवर्नमेंट के हिंदुस्तान को आजादी देने के निर्णयानुसार इंडिया में नई सरदारी (प्रभुत्व) की उत्पत्ति होने पर अछूतों के लिए राजनीतिक हितरक्षण देने के लिए, हिज मैजिस्टी की सरकार और विपक्षी दल के समक्ष प्रयास करने के लिए और कांस्टीच्यूट असेंबली और अंतरिम सरकार में अनुसूचित जातियों के पृथक् प्रतिनिधित्व के लिए, केबिनेट मिशन द्वारा प्रतिकूल की गई गलती का सुधार करने के लिए लंदन में मिशन ले गए।

अक्तूबर 1946 — इंडो-आर्यन सोसाइटी में शूद्र कैसे और क्यों चौथे वर्ण में गिने गए, इस खोज या अनुसंधान पर 'शूद्र कौन थे' नामक पुस्तक का प्रकाशन किया।

दिसंबर 1946 — 'एक संयुक्त भारत का आह्वान' संविधान सभा में दिया गया पहला व्याख्यान।

मार्च 1947 — मूलभूत अधिकार, अनुसूचित जातियों के संरक्षण पर और भारतीय राज्यों की समस्याओं पर एक स्मरण-पत्र जो 'राज्य तथा अल्प संख्याएँ' शीर्षक से प्रकाशित हुआ।

अगस्त 1947 — संविधान असेंबली द्वारा मसौदा (ड्राफ्टिंग) कमेटी के लिए नियुक्त किया।

अगस्त 1947 — लॉ मिनिस्टर बनकर नेहरू मंत्रिमंडल में शामिल हुए।

अप्रैल 1948 — कृष्ण राव बी. कबीर की पुत्री शारदा कबीर से (दूसरा) विवाह किया।

अक्तूबर 1948 — अछूतों के उद्गम पर एक थीसिस लिखी, जो 'अछूत कौन और कैसे?' शीर्षक से पुस्तक के रूप में प्रकाशित हुई।

अक्तूबर 1948 — 'महाराष्ट्र एक भाषायी प्रांत के रूप में' को भाषायी प्रांतीय कमीशन (घर कमीशन) को प्रस्तुत किया।

नवंबर 1948 — ड्राफ्टिंग कमेटी के अध्यक्ष के रूप में संविधान असेंबली में मसौदा प्रस्तुत किया।

जून 1950 — औरंगाबाद में मिलिंद महाविद्यालय की स्थापना की।

दिसंबर 1950 — वर्ल्ड बुद्धिस्ट कॉन्फरेंस, कोलंबो में डेलिगेट बने।

जुलाई 1951 — भारतीय बौद्ध जनसंघ की स्थापना की।

सितंबर 1951 — 'बुद्ध उपासना पाठ' नामक एक बौद्ध विनय पुस्तिका का संकलन किया।

सितंबर 1951 — प्रधानमंत्री द्वारा पार्लियामेंट में यह स्पष्ट घोषणा करने के बावजूद कि उनकी सरकार (मंत्रिमंडल) हिंदू कोड बिल का पूरा साथ देगी, चाहे उसका पतन ही क्यों न हो जाए, मंत्रिमंडल का हिंदू कोड बिल पास करने के प्रयत्नों से पीछे हट जाने के कारण और ऐसे ही कई अन्य कारणों से नेहरू मंत्रिमंडल से त्यागपत्र दिया।

मई 1952 — मुंबई के प्रतिनिधि के रूप में राज्यसभा के सदस्य बने।

मई 1952 — कोलंबिया यूनिवर्सिटी के द्वितीय शताब्दी महोत्सव पर स्पेशल कान्वोकेशन पर उन्हें एल-एल.डी. की डिग्री प्रदान की गई।

मई 1953 — सिद्धार्थ कॉलेज का मुंबई कॉमर्स और इकॉनोमिक्स विभाग का उद्घाटन किया।

दिसंबर 1954 — वर्ल्ड बुद्धिस्ट कॉन्फरेंस, रंगून (बर्मा) में डेलिगेट बनकर गए।

मई 1955 — भारतीय बौद्ध महासभा की स्थापना की।

दिसंबर 1955 — 'भाषायी राज्यों पर विचार।'

जून 1956 — सिद्धार्थ कॉलेज, मुंबई के लॉ (कानून) विभाग का उद्घाटन।

14 अक्तूबर, 1956 — नागपुर में एक ऐतिहासिक सम्मेलनोत्सव पर बौद्ध धर्म में दीक्षा ली।

नवंबर 1956 — काठमांडू (नेपाल) में वर्ल्ड बुद्धिस्ट कॉन्फरेंस में नवबौद्ध के रूप में डेलिगेट।

6 दिसंबर, 1956 — 26, अलीपुर रोड, दिल्ली अपने निवास-स्थान पर परिनिर्वाण प्राप्त किया।

[श्री सोहनलाल शास्त्री की पुस्तक बाबा साहब डॉ. बी.आर. आंबेडकर के संपर्क में पच्चीस वर्ष— (महाराष्ट्र मानस में प्रकाशित से साभार)।]

बाबा साहब आंबेडकर : कुछ जीवन प्रसंग

और भीड़ छँट गई

बाबा साहब आंबेडकर पूना आए और पुस्तकों की खरीद के लिए वे इंटरनेशनल बुक डिपो की ओर पहुँचे। यह खबर हवा की तरह उस इलाके में फैल गई और बुक डिपो के सामने काफी भीड़ जमा हो गई। इससे रास्ते का आवागमन अवरुद्ध हो गया। पुलिसवालों के काफी प्रयास करने पर भी भीड़ हट नहीं रही थी। अंत में एक पुलिस अधिकारी ने बुक डिपो में जाकर बाबा साहब से मुलाकात की और उनसे इस संबंध में निवेदन किया। बाबा साहब ने यह सबकुछ सुन लिया और उस पुलिस अधिकारी से पूछा, "फिर मैं क्या करूँ?" उस पुलिस अधिकारी ने बाबा साहब से कहा, "आप उन लोगों को दर्शन दे दीजिए तो यह भीड़ अपने आप कम हो जाएगी और हमारी भी इससे मुक्ति हो जाएगी।"

बाबा साहब ने उस पुलिस अधिकारी की विनय को स्वीकार कर लिया। पुस्तकों का खरीदना वैसे ही छोड़कर बाबा साहब बाहर निकल आए। उनके दर्शन होते ही हर्ष, तालियाँ और जयघोष से वहाँ का संपूर्ण वातावरण गूँज उठा। फिर वह हजारों की भीड़ भी छँटने लगी और वह अवरुद्ध हुआ रास्ता भी धीरे-धीरे खुल गया।

जब परिचय-पत्र दिखाना पड़ा

अपनी अगली पढ़ाई और उच्च शिक्षा प्राप्त करने हेतु भीमराव आंबेडकर लंदन पहुँचे। उस समय वहाँ भी भारतीय क्रांतिकारियों की गतिविधियाँ जोर-शोर से शुरू थीं। इसके पहले अमेरिका में पढ़ते समय उनका संबंध क्रांतिकारियों के नेता लाला लाजपतराय से हो चुका था। इसलिए उनका नाम भी क्रांतिकारियों की सूची में पहले से ही शामिल हो चुका था। जब डॉ. भीमराव आंबेडकर लिव्बरपूल पहुँचे तब उन्हें वहाँ की गुप्तचर (खुफिया) पुलिस ने घेर लिया। उनका भव्य और आकर्षक व्यक्तित्व देखकर तो उनकी आशंका और भी पक्की हो गई। उन सिपाहियों ने डॉ. आंबेडकर की सभी प्रकार से तलाशी ली। परंतु शंका योग्य कुछ भी उनके पास प्राप्त न हो सका। फिर भी सिपाहियों के मन की शंका दूर न हो सकी। अंत में डॉ. आंबेडकर ने अपना परिचय-पत्र दिखाकर उनको विश्वास दिलाया, तब कहीं डॉ. भीमराव आंबेडकर को उनसे मुक्ति मिली।

ये ही तो मेरे संबल हैं

डॉ. बाबा साहब आंबेडकर एक समय लोनावला आए और वे श्री नायर के बंगले पर ठहरे। उसी समय बाबा साहब के आने की खबर चारों ओर हवा की तरह फैल गई और उनके दर्शन के लिए आसपास की दलित जनता वहाँ उमड़ पड़ी। परंतु बाबा साहब आंबेडकर बौद्ध गुफाएँ देखने चले गए। इस कारण दलित जनता उनके दर्शन न कर सकी।

बाबा साहब के लौटने तक, अपने साथ लाई हुई रोटियाँ खाने के विचार से कुछ लोग एक पेड़ के नीचे बैठकर अपनी-अपनी रोटियाँ खाने लगे। मगर उसी समय बाबा साहब आंबेडकर की मोटर वहाँ पहुँची और रोटियाँ खा रहे लोगों में एकाएक भगदड़ मच गई। रोटियाँ वहीं छोड़कर वे लोग बाबा साहब के दर्शन के लिए दौड़ पड़े।

बाबा साहब की नजर एकाएक कपड़े में बँधी हुई रोटी और चटनी पर पड़ी। उसे देखकर आंबेडकरजी की मुद्रा एकदम गंभीर हो गई। उन्होंने श्री नायर को पास बुलाया और उन रोटियों की ओर उँगली से निर्देश करते हुए बोले, ''देखिए श्री नायर, ऐसे हैं मेरे लोग। इन गरीबों को लेकर ही मैं शक्तिशाली तथा संपन्न लोगों से लड़ रहा हूँ।'' यह कहते हुए बाबा साहब आंबेडकर का हृदय भर आया और उनकी आँखों से आँसू बाहर निकलने के लिए तड़पने लगे।

सब जल्द ही निपटा लेना चाहिए

सन् 1920 में डॉ. भीमराव आंबेडकर अपनी आगे की पढ़ाई के लिए लंदन पहुँचे। वहाँ के लंदन म्यूजियम के ग्रंथालय में घंटों बैठकर वे अपने विद्याभ्यास में खो जाते थे। घर लौटने पर भी उनके पढ़ने का वही क्रम चलता रहता था। बाहरी दुनिया की उन्हें कोई सुध-बुध नहीं रहती थी। उस समय उनके साथ मुंबई के अस्नाडेकर नामक एक व्यक्ति रहा करते थे। जब भी वे रात में नींद से जागते तो उनके सामने भीमराव आंबेडकर पढ़ाई में मग्न नजर आते थे। एक बार श्री अस्नाडेकर रात्रि में ऐसे ही जाग गए और वे आंबेडकर से बोले, ''आंबेडकरजी, और कितना जागोगे? अब तो सो जाओ।''

आंबेडकर ने उनकी ओर देखा और फिर गंभीर होकर बोले, ''देखो अस्नाडेकर! खाने के लिए पैसा और नींद के लिए समय मेरे पास कहाँ है? मुझे यह सब जल्द ही निपटा लेना चाहिए।'' ऐसा कहकर वे प्रात:काल तक पढ़ते ही रहे और सुबह होते ही वे फिर आठ बजे लंदन म्यूजियम के उस ग्रंथालय के दरवाजे पर विद्यार्जन के लिए दाखिल हो गए। लंदन म्यूजियम के उस ग्रंथालय में सबसे पहले पहुँचनेवाले व्यक्ति प्राय: डॉ. आंबेडकर रहते थे।

प्रत्येक सदस्य के हाथ में ग्रंथ की प्रति

अमेरिका के कोलंबिया विश्वविद्यालय में अध्ययन करते समय डॉ. आंबेडकर ने 'भारत में जातियाँ' नामक एक लेख तैयार किया और वह लेख वहाँ के अध्ययन-मंडल के समक्ष पढ़ा। इससे डॉ. आंबेडकर की एक मेधावी छात्र के रूप में वहाँ प्रशंसा होने लगी। इसी समय उन्होंने 'भारत का राष्ट्रीय लाभांश' नामक अपना

शोध-प्रबंध तैयार किया और वह उन्होंने कोलंबिया विश्वविद्यालय को प्रस्तुत करके बहुत प्रसिद्धि प्राप्त की। आगे आठ वर्ष के पश्चात् यही शोध-प्रबंध 'ब्रिटिश भारत में राज्यीय पूँजी का विकास' नाम से ग्रंथ रूप में प्रकाशित किया गया।

बाबा साहब की यह सफलता इतनी अधिक थी कि वहाँ के छात्रों ने एक शानदार पार्टी देकर उनका अभिनंदन किया। प्रो. सेलिग्मन ने अपनी भूमिका जोड़कर कहा, ''इस विषय पर इतनी गहरी खोज अन्य किसी ने की होगी, इसकी मुझे जानकारी नहीं है।'' बाबा साहब आंबेडकर का इस विषय पर अध्ययन भी उतना ही गहरा था। भारत के प्रांतीय एवं केंद्रीय विधान मंडलों में भी इस ग्रंथ के उद्धरणों का आधार लिया जाने लगा। आगे जब भारतीय मुद्रा के संबंध में कमीशन के सामने बाबा साहब को गवाही देने का अवसर प्राप्त हुआ तब उस कमीशन के प्रत्येक सदस्य के हाथों में उस ग्रंथ की प्रति देखकर बाबा साहब को बहुत प्रसन्नता हुई।

जब क्रांतिकारियों का प्रचारक समझा गया

लंदन में अध्ययन करते समय डॉ. आंबेडकर ने 'भारत में लोकतंत्रीय प्रशासन की जिम्मेदारियाँ' नामक लेख पूर्ण करके वहाँ के छात्र संघ के सामने रखा। इस लेख में उनकी मार्मिकता, स्पष्टवादिता और उत्तेजक विचारों के मिश्रण ने वहाँ के विश्वविद्यालयीन परिसर में हलचल मचा दी। फलस्वरूप, डॉ. आंबेडकर के विचारों के समर्थकों और विरोधकों में टकराव-सा पैदा हो गया।

सुप्रसिद्ध राजनीतिक विचारक प्रो. हॅराल्ड लास्की ने भी इस चर्चा में भाग लिया और अपना यह मत व्यक्त किया कि इस लेख में प्रकट विचार निस्संदेह एक क्रांतिकारी प्रकार के विचार हैं और ये किसी क्रांतिकारी प्रचारक को ही शोभा देते हैं। उनका यह आरोप डॉ. आंबेडकर पर ही था। इसका परिणाम यह हुआ कि कुछ लोग डॉ. आंबेडकर को भी भारतीय क्रांतिकारियों में से एक समझने लगे। तो कुछ उन्हें रशियन क्रांतिकारियों का प्रचारक समझकर उनसे दूर रहने लगे।

डॉक्टर पदवी के लिए संघर्ष

लंदन में अध्ययनरत आंबेडकर ने 'रुपए का प्रश्न' शोध-प्रबंध लिखकर लंदन विश्वविद्यालय को प्रस्तुत किया और अपनी अगली पढ़ाई के लिए वे बॉन (जर्मनी) चले गए। उस प्रबंध में संचित कड़े एवं चुभनेवाले विधानों को देखकर उसे स्वीकृत करने के लिए प्रबंध समिति तैयार नहीं थी। उसी समय बाबा साहब के प्राध्यापक सुप्रसिद्ध अर्थशास्त्री प्रो. कॅनन ने उन्हें लंदन बुलाया। बाबा साहब जब समिति के सदस्यों से मुलाकात करने पहुँचे तो उन्हें बताया गया कि आपने इस प्रबंध में सरकार तथा अर्थशास्त्रियों पर जो प्रहार किए हैं उन्हें निकाल दें। इससे हमें इस प्रबंध की सिफारिश करने में आसानी होगी।

परंतु बाबा साहब ठहरे दृढ़ स्वभाव के। समिति से उन्होंने स्पष्ट ही कह डाला, ''प्रबंध में कौन-सा विधान अशास्त्रीय या गलत है वह आप मुझे बता दें तो मैं उसमें परिवर्तन करने के लिए तैयार हूँ। मगर आप कहें कि संपूर्ण प्रबंध ही आपके विचारों जैसा हो तो मैं इस बात को मानने के लिए तैयार नहीं हूँ। यदि आपको जँचे तो आप मुझे डॉक्टरेट उपाधि दें, या उसे नकार दें।''

बाबा साहब का यह जवाब सुनकर समिति चकित हो गई। अंत में प्रो. कॅनन ने मध्यस्थता कर और कुछ पर्याय सुझाकर उस प्रबंध के रूप को थोड़ा बदलकर वह प्रबंध मान्य करा लिया। तब आंबेडकर को 'डॉक्टर ऑफ साइंस' पदवी से विभूषित किया गया।

गृहस्थी का भी खयाल करना चाहिए

पुरानी पुस्तकों का संग्रह करने में बाबा साहब आंबेडकर की बड़ी अभिरुचि थी। एक बार उन्हें (Laws of England) 'इंग्लैंड के कानून' नामक पुस्तक के पाँच भाग प्राप्त हुए। वे उन्होंने पाँच सौ रुपए में खरीद लिये और मरभुखे की तरह पढ़ने में लग गए। रात्रि को जब वे खाने के लिए घर पर गए तो वहाँ भी वे सबकुछ भूलकर पढ़ने में व्यस्त हो गए।

खाने के लिए रमादेवी ने पाँच-सात बार उनसे कहा, परंतु साहब जवाब में बोले, ''बस, इतने पृष्ठ पढ़ लेने दो, फिर मैं खाना खा लेता हूँ।''

ऐसा ही करते-करते आधा घंटा निकल गया, फिर भी साहब खाने के लिए नहीं उठे। आखिर परेशान होकर रमादेवी ने डॉ. साहब से कहा, ''पति को पत्नी का, बच्चों का और गृहस्थी का भी खयाल करना चाहिए, ऐसा इस पुस्तक के पृष्ठ पर कुछ लिखा नहीं है क्या?''

रमाबाई के इन उद्गारों पर बाबा साहब हँस पड़े। पुस्तक को एक ओर रखकर वे उठे और हँसते हुए भोजन के चौके में जा बैठे।

चुभनेवाला सवाल

लंदन में हो रही पहली गोलमेज परिषद् में अछूत वर्ग की समस्याओं को रखने के लिए बाबा साहब खड़े हुए। अंग्रेजों की नीति पर बोलते हुए उन्होंने कहा, ''भारत में ब्रिटिश शासन को डेढ़ सौ साल बीत चुके हैं; फिर भी हम अछूतों के दु:ख दूर नहीं हो सके।'' इसके बाद क्षणमात्र रुककर वे अपनी आवेशपूर्ण आवाज में बोले, ''सुधरे हुए राष्ट्र के आधिपत्य में रहकर भी यदि हमें दलित-पीड़ित ही रहना है तो ऐसी सरकार हमारे किस काम की?''

बाबा साहब का यह तीखा और चुभनेवाला सवाल कानों में पड़ते ही ब्रिटिश प्रतिनिधि एक-दूसरे की ओर देखने लगे और आंबेडकर भी क्रांतिकारी नेताओं में से ही एक होना चाहिए, ऐसा समझकर वे आपस में कानाफूसी करने लगे और भारतीय प्रतिनिधि तो बाबा साहब के इस मुँहतोड़ वक्तव्य से अवाक् रह गए।

यश के पात्र आप हैं

दूसरी गोलमेज परिषद् में उत्कृष्ट कार्य करके बाबा साहब भारत लौटे, तब एक सौ चौदह संस्थाओं की ओर से उन्हें मानपत्र दिया गया। अपने लोगों का अपार प्रेम एवं कृतज्ञता की भावना देखकर उनका हृदय भर आया। बाबा साहब के मुख से कुछ क्षण तो एक शब्द भी नहीं निकला। उसी समय कोई दौड़कर पानी लाया और पानी से भरा गिलास बाबा साहब के हाथ में दे दिया। उन्होंने एक घूँट पानी पिया और वहाँ बैठे हुए अपने असंख्य भाइयों की ओर एक बार देखा और फिर उनके मुख से अनपेक्षित शब्द निकल पड़े, ''गोलमेज परिषद्

में अर्जित यश का पात्र मैं नहीं हूँ। उस यश के पात्र यहाँ एकत्रित असंख्य भाई-बहनें ही हैं।''

सभी प्रयत्न सार्थक हुए

सन् 1930 में लंदन में गोलमेज परिषद् में अपने वक्तृत्व से बाबा साहब ने सभी को आश्चर्यचकित कर दिया। ब्रिटिश प्रधानमंत्री मॅकडोनाल्ड भी उनका भाषण सुनकर स्तंभित रह गए। उन्हीं में से एक और व्यक्ति की आँखें आनंदाश्रु से भर आईं। वे थे बड़ौदा नरेश श्री सयाजीराव गायकवाड़। तुरंत ही वे अपने राजवैभव से पूर्ण निवास-स्थान गए और रानी से जाकर बोले, ''मेरे सभी प्रयत्न एवं रूप आज सार्थक हो गए। जिस भीमराव आंबेडकर को मैंने उच्च शिक्षा के लिए सहायता दी थी उस डॉ. आंबेडकर ने गोलमेज परिषद् को आज आश्चर्यचकित कर दिया।''

ऐसा बोलते हुए महाराजा का अंत:करण अत्यानंद से भर आया। आगे उन्होंने एक बड़ी पार्टी आयोजित करके उसमें भीमराव का हृदय से अभिनंदन किया।

नेतागिरि का काम तो पुरुषों का ही है

महाड़ सत्याग्रह का बिगुल बजते ही हजारों स्त्रियों ने अपने नाम सत्याग्रह समिति में लिखाए। मुझे भी इस सत्याग्रह में भाग लेना चाहिए, ऐसी उत्कृष्ट अभिलाषा डॉ. साहब की पत्नी रमाबाई ने की थी। बाबा साहब ज्यों ही घर पहुँचे, रमाबाई ने इस संबंध में उनसे चर्चा छेड़ी। तब बाबा साहब आंबेडकर ने विनोद में ही कहा, ''मुंबई की सभी स्त्रियों का नेतृत्व तुम्हें ही करना चाहिए!'' बाबा साहब का यह विनोद रमाबाई की नजरों से कैसे चूकता। वह भी कुछ हँसते हुए बोलीं, ''नेतागिरि का काम पुरुषों का ही है। हमारा काम उनके लिए भोजन की व्यवस्था करना है।''

नेपोलियन के चरित्र को पढ़ने में मग्न

पूना पैक्ट होकर महात्मा गांधी का अनशन कुछ ही दिन पहले समाप्त हुआ था। उसी समय नवंबर 1932 में होनेवाली तीसरी गोलमेज परिषद् के लिए जाने का अवसर बाबा साहब आंबेडकर को प्राप्त हुआ। जिस जहाज से डॉ. आंबेडकर अपनी यात्रा कर रहे थे, उस जहाज के कुछ यात्री गांधीजी के अनशन के संबंध में चर्चा कर रहे थे। तभी एक यूरोपियन यात्री का ध्यान डॉ. आंबेडकर की ओर गया। वह अन्य यात्रियों से कहने लगा, ''हिंदुस्तान के इतिहास के नए पृष्ठ जो लिख रहा है, वह है यही युवक।''

बाबा साहब आंबेडकर का इस प्रकार का परिचय देते ही उन सभी लोगों की नजरें उनकी ओर उठीं और हर कोई उनसे मिलने की इच्छा व्यक्त करने लगा। किंतु डॉ. आंबेडकर का ध्यान उनके द्वारा की जा रही प्रशंसा की ओर बिलकुल ही नहीं गया। वे नेपोलियन के चरित्र को पढ़ने में मग्न थे।

बाबा और अंग्रेजी मेम

श्रीमती रमाबाई आंबेडकर की मृत्यु के दो वर्ष बाद बाबा साहब अपने स्वास्थ्य-सुधार के लिए जर्मनी गए और बर्लिन में कुछ समय व्यतीत कर वे लंदन पहुँचे। वहाँ के 'विविधवृत्त' साप्ताहिक के प्रतिनिधि ने

'डॉ. आंबेडकर एक अंग्रेज स्त्री से विवाह करके मुंबई आ रहे हैं', ऐसी खबर प्रकाशित कर दी। इससे दलित वर्ग में खलबली मच गई। बाबा साहब की इस तथाकथित गोरी पत्नी को देखने के लिए मुंबई बंदरगाह पर हजारों की भीड़ इकट्ठी हो गई। किंतु लोगों ने देखा कि बाबा साहब तो अकेले ही हैं। पत्रकारों ने पूछा, तब वे बोले, ''मुझे ऐसी छोरी से विवाह करने की आवश्यकता नहीं।'' और फिर अपने दलित भाइयों की ओर मुड़कर बोले, ''इस प्रकार की अफवाहों पर विश्वास करके तुम्हें अपना कीमती समय बरबाद नहीं करना चाहिए।''

धर्म में ही मानवता व्याप्त है

एक बार बाबा साहब का स्वास्थ्य ठीक नहीं था। वे स्वास्थ्य लाभ के लिए 1953 में मुंबई आए। बाबा साहब के मुंबई में आने की सूचना पाते ही उन्हें देखने के लिए 'राजगृह' में लोगों की भीड़ एकत्र होने लगी। यह खबर उनके पुराने साथियों तक भी पहुँची। इन लोगों के पहुँचने पर बाबा साहब कोई-न-कोई विषय चर्चा के लिए छेड़ देते थे। धर्मचर्चा में वे विशेष रुचि लेते थे।

एक दिन बेलसरे नामक व्यक्ति उनसे मिलने आए और बाबा साहब से बोले, ''डॉ. साहब! आपको अब इन विभिन्न व्यस्त कार्यों से निवृत्त हो जाना चाहिए। क्योंकि ये सब अब आपके स्वास्थ्य के लिए असहनीय हैं।''

बेलसरे की बातें बाबा साहब ने शांतिपूर्वक सुनीं और फिर कुछ गंभीर स्वर में बोले, ''देखो बेलसरे, धर्म ही मेरा हृदय है, और धर्म से ही मनुष्य में मानवता व्याप्त होती है। यह मैं कैसे भूल सकता हूँ!''

औरों को भी सुशिक्षित किया

बाबा साहब शिक्षा के बारे में केवल कथनी ही नहीं कर रहे थे, बल्कि अपने गुरु के उपदेशों के अनुसार उन्होंने कथनी को करनी से जोड़ दिया था। वे स्वयं तो उच्च विद्याविभूषित हुए ही, परंतु अपने साथ औरों को भी सुशिक्षित करने के लिए उन्होंने अपने पद का उपयोग किया। उनके मन में यह बात पूरी तरह बैठ गई थी कि उच्च शिक्षा के आग्रह से ही समाज का उद्धार होगा। अनेक स्नातक पैदा हों यह तो उनका सपना ही था, साथ ही अपने जैसे अन्य लोगों को भी विदेशों में जाकर शिक्षा ग्रहण करने का मौका मिले, इसलिए सरकार की मारफत ऐसा इंतजाम किया। 1942 में जब वे केंद्र सरकार में श्रममंत्री थे तब उन्होंने दलितों की शिक्षा के लिए तीन लाख का अनुदान प्राप्त किया था। इस अनुदान से ही तीन विद्यार्थियों को छात्रवृत्ति देकर उच्च शिक्षा ग्रहण करने के लिए विदेश भेजा। इन विद्यार्थियों में से कई विद्यार्थी आगे चलकर सरकारी दफ्तरों में उच्च पदों पर विराजमान हुए। यह तो सर्वविदित ही है कि अपने दलित समाज के लिए अपने पद का उपयोग कर बाबा साहब का सपना उन्होंने अपनी हैसियत के हिसाब से पूर्ण किया।

लड्डू और भीमराव

स्कूल की पढ़ाई समाप्त करने के बाद कॉलेज में पढ़ने गए भीमराव ने जेब में से लड्डुओं की थैली निकाली और चुपके-चुपके खाने लगा। जाने क्यों उसके मन में डर था, जो उसे छिपकर कलेवा लेना पड़ रहा

था। सहसा घंटे पर चोट पड़ी। कॉलेज की एक कक्षा से कुछ लड़के निकले और सीधे भीमराव के साम्ने आकर खड़े हो गए। भीमराव उन्हें देखकर सकपका गया। उसने लड्डुओंवाली थैली पीछे छिपा ली।

चंपत ने आगे बढ़कर भीमराव के हाथ से थैली छीन ली। बोला, ''आह, ये लड्डू चोरी-चोरी खाए जा रहे हैं।''

भीमराव ने सिर नीचे झुका लिया।

चंपत ने सारे लड्डू लड़कों में बाँट दिए। भीमराव ने दो बार कहना चाहा, लेकिन दोनों बार जैसे शब्द मुँह में अटककर रह गए। वह कुछ भी न कह सका।

चंपत ने भीमराव की ठोड़ी पर दो उँगलियाँ रखीं। ठोड़ी को ऊपर उठाया, ''क्यों फ्रेंड, नाराज हो गए क्या?''

''नहीं, यह बात नहीं है, दोस्त!'' भीमराव के मन में कुछ अजीब-सी हलचल हो रही थी। उसने मुँह खोला, ''बात यह है कि ये लड्डू मेरी माँ ने बनाए हैं।'' भीमराव ने गंभीर भाव से कहा, ''शायद तुम लोग नहीं जानते कि मैं अछूत हूँ।''

भीमराव ने सब लड़कों को वहीं रोककर कहा, ''दोस्तो, मैं वास्तव में अछूत जाति का हूँ। मेरी माँ अशित है। बेचारी ने रूखी-सूखी रोटियाँ इकट्ठी करके उसमें तेल और गुड़ डालकर इन लड्डुओं को बनाकर मुझे दिया है। इनकी सूरत अच्छी दिखाई दे, इसलिए इसमें चना और मूँगफली भी डाली हैं। माँ की यह भेंट तुम लोगों के सामने इसलिए नहीं खाता कि कहीं तुम मेरा यह राज जान न जाओ कि हम कितने पतित हैं। अब जब तुम लोगों ने लड्डू खा ही लिये हैं तो मुझे सबकुछ कहना ही पड़ा।''

वे भीगते रहे : कष्ट भोगते रहे

एक बार भीम को जोर से प्यास लगी और उन्होंने कुएँ से पानी पी लिया। कुछ व्यक्तियों को जब पता चला तो उन्होंने भीम की बड़ी निर्दयता से पिटाई की। वह देर तक रोते रहे। रोने के अलावा वह बालक कर भी क्या सकता था।

दूसरे दिन की बात है। भीम स्कूल जा रहे थे। उस दिन उनके साथ बड़ा भाई नहीं था। आसमान में बदलियों का जाल बिछा हुआ था। फिलहाल वर्षा के कोई आसार नजर नहीं आ रहे थे, अन्यथा उनको स्कूल नहीं जाने दिया जाता। अभी वह घर और स्कूल के बीच ही पहुँचे थे कि बादल गरजकर बरसने लगे। वर्षा को तेज होते देख बालक भीम ने पास के एक मकान की दीवार के साथ खड़े होकर वर्षा से बचना चाहा। उस मकान की महिला यह देख रही थी। वह जानती थी कि वह लड़का अछूत है। अब क्या था, वह औरत बेतरह उस लड़के पर नाराज हुई और उसे बरसते हुए पानी में ढकेल दिया। वह गीली मिट्टी में जा पड़ा। उसकी किताबें भी पानी से सन गईं।

रोता आया : हँसता गया

बाबा साहब की बैठक वही बरामदा था। वे बंगले के गेट की ओर मुँह करके बैठते थे, जिससे किसी भी आगंतुक को उनके समीप पहुँचने में कठिनाई नहीं होती थी। एक बार साधारण-सा एक व्यक्ति मैले-

कुचैले कपड़ों में आकर पास खड़ा हो गया और बाबा साहब के बारे में जानना चाहा। इशारे में बता देने पर वह उनके पैर छूकर पैरों के पास ही लेट गया और लगा कुछ सुबकने-सा। बाबा साहब ने बड़े स्नेह से उसे उठाया और कभी भी पैर न छूने को कह, उसकी समस्या पूछी। उसकी समस्या को ध्यानपूर्वक सुना और उसका समाधान किया। वह व्यक्ति, जो रोता हुआ आया था, हँसता हुआ चला गया।

□□□

बाबा साहब आंबेडकर :
चित्रों में

‘भारत रत्न’ हुआ गौरवान्वित

कहते हैं, हर सदी में, हर युग में कुछ अपवाद होते हैं, औरों से अलग होने की वजह से वे असाधारण होते हैं। दलितों के मसीहा और भारतीय संविधान के शिल्पकार डॉ. बाबा साहब आंबेडकर भी ऐसी ही स्वनामधन्य हस्ती थे। उनके जन्म शताब्दी वर्ष में बाबा साहब द्वारा किए गए महान् कार्यों के लिए मरणोपरांत उन्हें ‘भारत रत्न’ से सम्मानित किया गया। 14 अप्रैल, 1990 को तत्कालीन राष्ट्रपति श्री रामास्वामी वेंकटरामन ने बाबा साहब की विधवा श्रीमती सविता आंबेडकर को ‘भारत रत्न’ का सर्वोच्च खिताब प्रदान किया। कतिपय लोगों की राय में इससे ‘भारत रत्न’ खुद गौरवान्वित हुआ है।

संसद् के केंद्रीय हॉल में तैलचित्र

बाबा साहब आंबेडकर जन्म शताब्दी वर्ष में हुए अनेक समारोहों और कार्यक्रमों के क्रम में गत 12 अप्रैल, 1990 को संसद् के केंद्रीय हॉल में डॉ. आंबेडकर के तैलचित्र का अनावरण किया गया। इस अवसर पर तत्कालीन उपराष्ट्रपति डॉ. शंकर दयाल शर्मा, तत्कालीन प्रधानमंत्री श्री विश्वनाथ प्रताप सिंह, लोकसभा के अध्यक्ष श्री रवि राय और बाबा साहब आंबेडकर की विधवा श्रीमती सविता आंबेडकर भी मौजूद थीं।

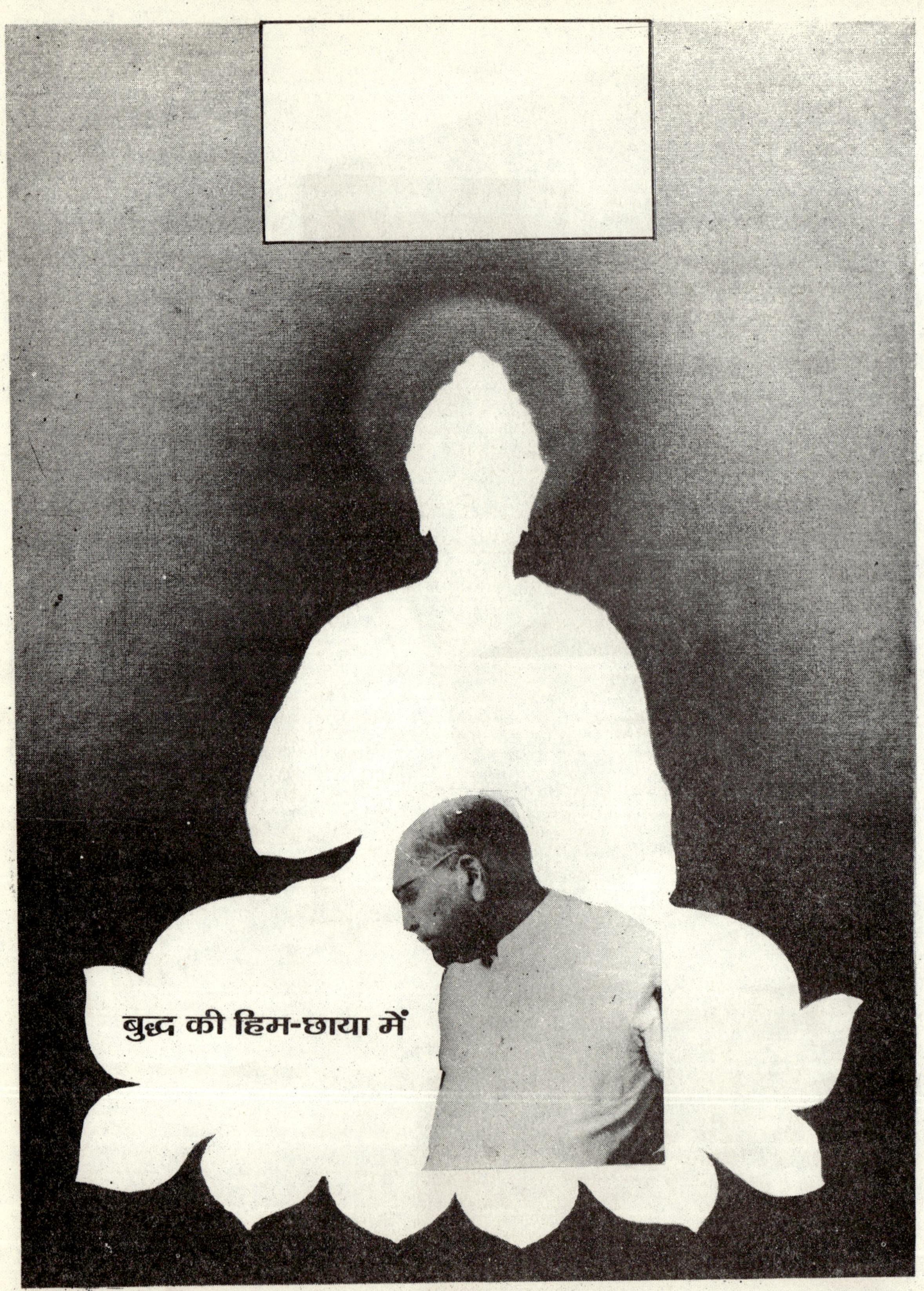
बुद्ध की हिम-छाया में

पुत्र यशवंतराव, डॉ. आंबेडकर, श्रीमती रमाबाई आंबेडकर, भाभी लक्ष्मीबाई एवं भतीजा मुकुंदराव

पुत्र यशवंतराव आंबेडकर एवं मीराताई आंबेडकर

मा. भय्या साहब यशवंतराव भीमराव आंबेडकर

पिता—सूबेदार रामजी आंबेडकर

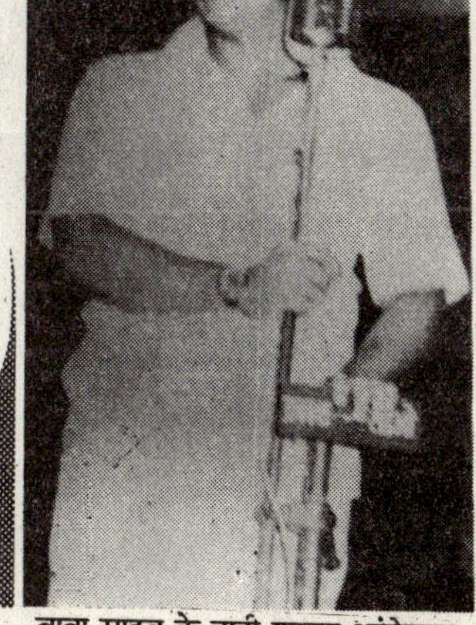

बाबा साहब के नाती प्रकाश आंबेडकर

डॉ. आंबेडकर धर्मपत्नी श्रीमती रमाबाई के साथ

श्रीमती रमाबाई आंबेडकर

डॉ. आंबेडकर सविताजी के साथ

डॉ. आम्बेडकर सविताजी के साथ.

गृहस्थ आंबेडकर

विविध परिधानों में

एल.एल.डी. प्रदवी से विभूषित, 5.6.1952

बैरिस्टर आंबेडकर

प्रो. आंबेडकर

घूमना व पढ़ना दोनों बहुत भाता है

कोल्हापुरी पगड़ी में

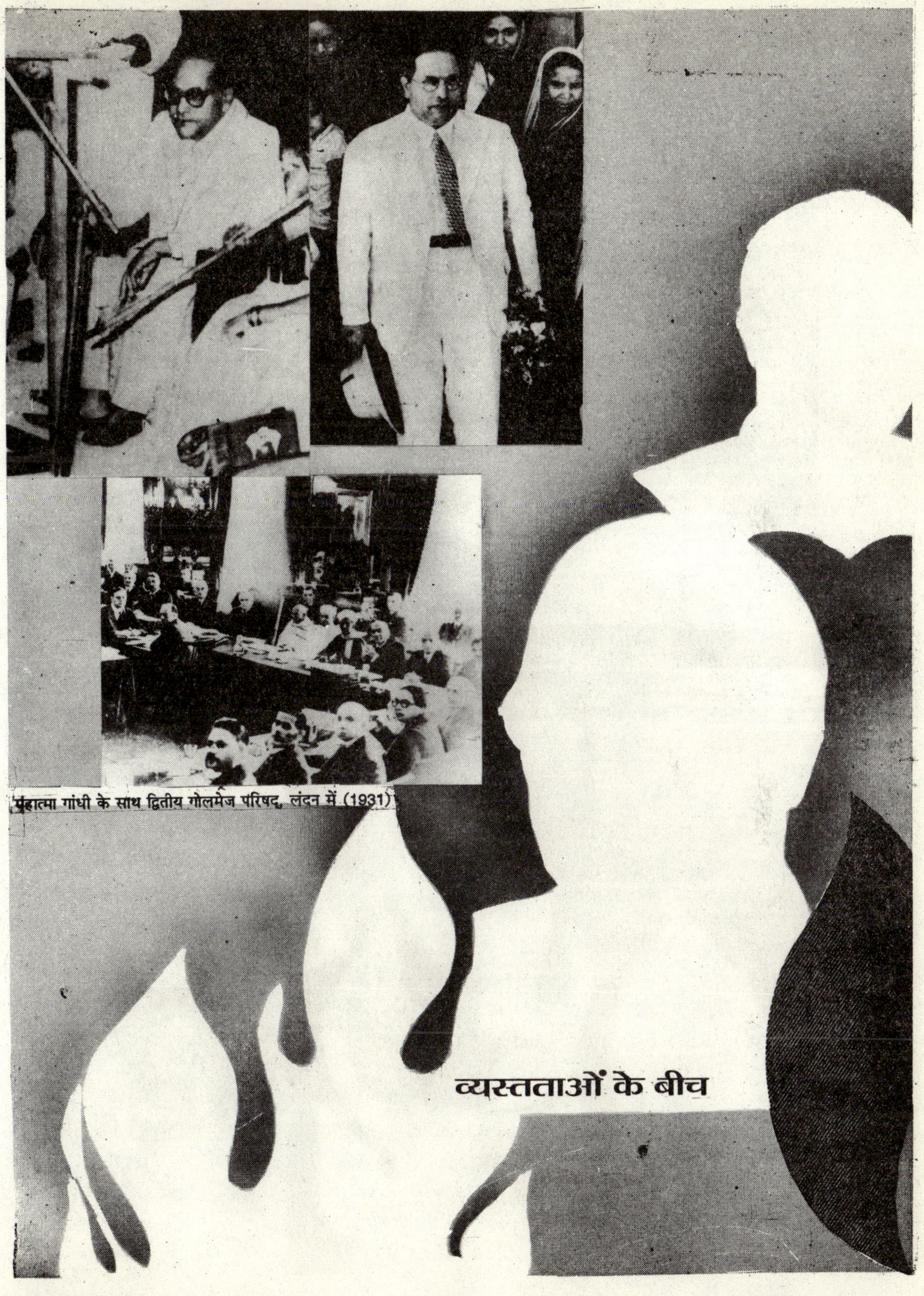

महात्मा गांधी के साथ द्वितीय गोलमेज परिषद, लंदन में (1931)

व्यस्तताओं के बीच

नासिक स्थित कालाराम मंदिर, जहाँ उन्होंने सत्याग्रह कर अछूतों को प्रवेश दिलाया—2 मार्च, 1930

युवला मैदान में 13.10.1935 को डॉ. आंबेडकर ने धर्मांतरण की ऐतिहासिक घोषणा की

महाड़ का चौदार तालाब, **रत्नागिरी जिला** जहाँ 19 मार्च, 1927 में सत्याग्रह करके दलित मुक्ति संग्राम का शुभारंभ किया

कोंकणस्थ महार जाति पंचायत के कार्यकर्ताओं के बीच

सारनाथ में बौद्ध भिक्षुओं के बीच

गोलमेज परिषद् के लिए लंदन जाने के पूर्व कार्यकर्ताओं के साथ (1930)

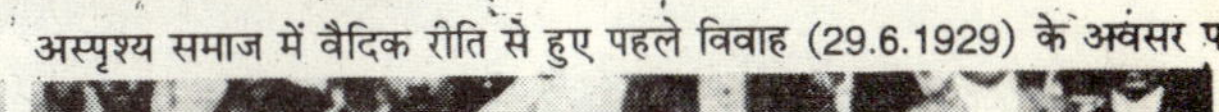

अस्पृश्य समाज में वैदिक रीति से हुए पहले विवाह (29.6.1929) के अवसर पर

सभी के लाड़ले

लंदन में सहपाठियों तथा प्रोफेसरों के साथ

उच्च शिक्षा के लिए ब्रिटेन भेजे गए दलित विद्यार्थियों के बीच (2.11.1946)

नासिक रेलवे स्टेशन के प्लेटफार्म पर

विभिन्न मुद्राएँ

पूना करार के पश्चात् सप्रू एवं बैरिस्टर जयकर के साथ—1932

वर्तमान पत्र पढ़ते हुए

डॉक्टर ऑफ लॉज की पदवी से सम्मानित

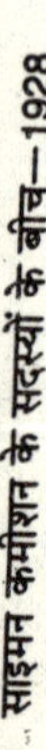
साइमन कमीशन के सदस्यों के बीच—1928

डॉक्टर ऑफ लॉज की पदवी से सम्मानित, साथ में वाइस चांसलर (कोलंबिया यूनिवर्सिटी) डॉ. ग्रेसन किर्क-1952

महात्मा ज्योतिबा फुले के साये में

Regd. No. B 48

ऑल इंडिया शेड्यूल्ड कास्ट्स फेडरेशनच्या धोरणाचा पुरस्कार करणारे
डॉ. बाबासाहेब बी. आर. आंबेडकर एम. ए; पी. एच. डी; डी. एस. सी; बार ॲट लॉ. यांनी प्रस्थापित केलेलें

जनता

दर शनिवारीं प्रसिद्ध होतें — साप्ताहिक — किंमत २ आणे.

वर्ष १४) मुंबई—शनिवार ता. १३ आक्टोबर १९४५ (अंक ३८

कॉंग्रेसचें राजकारण—(बुद्धिवाद व्यासंग)

कालचक्रानुसार विचार स्वातंत्र्य आवश्यक !
राजकीय विचारप्रणालींची बुद्धिवादि मिमांसा !

डॉ. बाबासाहेब आंबेडकर यांचें मननीय भाषण.

"राजकारणाचा अभ्यास करण्याच्या ह्या उद्देशानें ही संस्था उघडण्यांत आली आहे, तो उद्देश मला मान्य आहे. तुमचा माझ्यावर आत्यंतिक विश्वास असल्यामुळें, आज मी माझे विचार मनमोकळेपणानं तुमचे पुढें मांडणार आहे."

डॉ. बाबासाहेब पुढें म्हणाले,

(पान ८ वर पहा)

Regd. No. B. 2797

जनता
THE PEOPLE

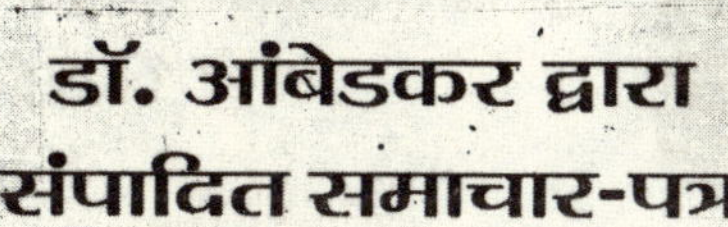

13—बाबा साहिब अंबेडकर ने 1927 में पत्रिका चालु की

DAMODAR HALL
PAREL
BOMBAY 12.

Confidential

20th May 1932

My dear Raja Ram

I have received your letter of the 13th. I am glad you have passed your 1st year Engineering in second class. I have already spoken to the Hyderabad authorities about your being sent abroad for higher education. They have given me no definite word. I have hopes of your getting help from that source. It is no use my sending a letter to Hyderabad. The matter is too big to be concluded by a letter. It will be necessary for me to come to Hyderabad for that purpose. This I cannot do now because I am most probably going to London on the 26th of this month. But I will do so when I return to India in the month of July. Keep this absolutely confidential and don't let any one know of it. Wishing you the best of luck. I am Yours Sincerely

B.R. Ambedkar

19—डा. बी. आर. अंबेडकर द्वारा श्री आर. आर. भोले को लिखा पत्र

डॉ. आंबेडकर की हस्तलिपि

DAMODAR HALL
PAREL
BOMBAY 12

DAMODAR HALL
PAREL
BOMBAY 12

डॉ. बाबासाहेबांचे मराठी हस्ताक्षर

स्मृतियों की पाँखें

बाबा साहब के बैठने की कुरसी

(5)

बी.आई.टी. चाल, परेल, मुंबई : यहाँ 25 साल रहे

(6)

चित्र नंबर—5, 6, 7 बाबा साहब का अध्ययन कक्ष

बाबा साहब द्वारा स्थापित पीपुल्स एजुकेशन सोसाइटी का सिद्धार्थ कॉलेज (1946)

(7)

निवास स्थान, राजगृह, दादर, मुंबई

सोनवणे की शिल्प-कला

भारतीय संविधान
उनके सपनों
का भारत
संविधान के
शिल्पकार

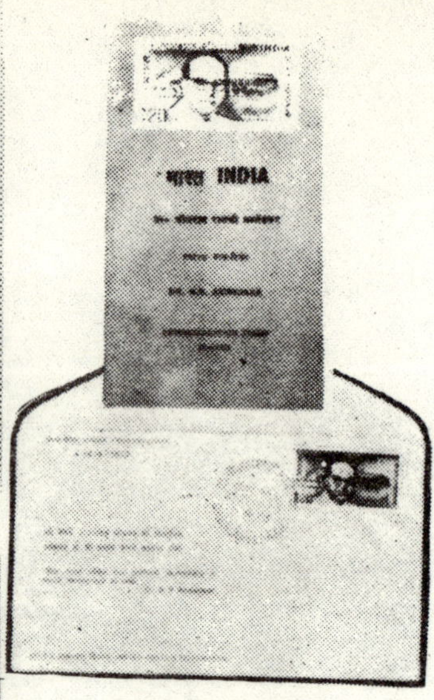

मनीषा के प्रतिबिंब

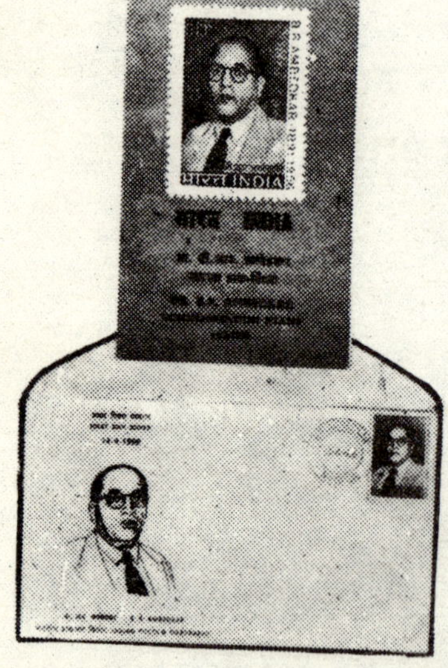

भारत सरकार द्वारा प्रसारित टिकटें

बाबा साहब की लिखी पुस्तकें

1. काठमांडू में संबोधित करते हुए
2. मिलिंद महाविद्यालय, औरंगाबाद के प्रांगण में बोधिवृक्ष लगाते हुए

कुछ तो करते रहना है!

ध्येय की ओर बढ़ते कदम

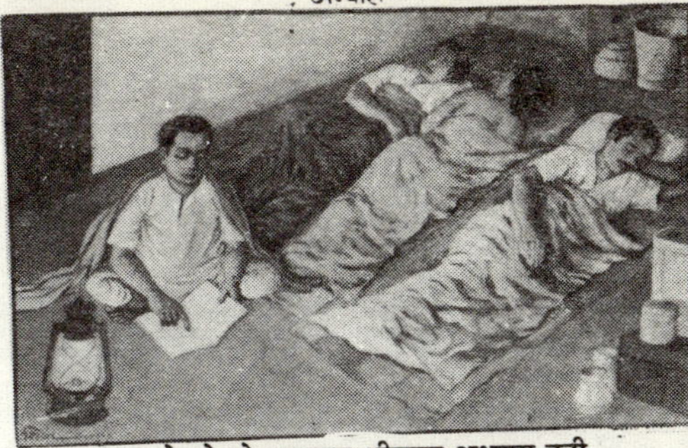

सगले झोपले असताना भीमराव अभ्यास करी
मॅट्रिकच्या परीक्षेतयश—1907

हायस्कूलमध्ये विद्यार्थ्यापासून अलग एका बाजूला भिमरावला बसविण्यात येत असे-सातारा

ऐसा था जीवन

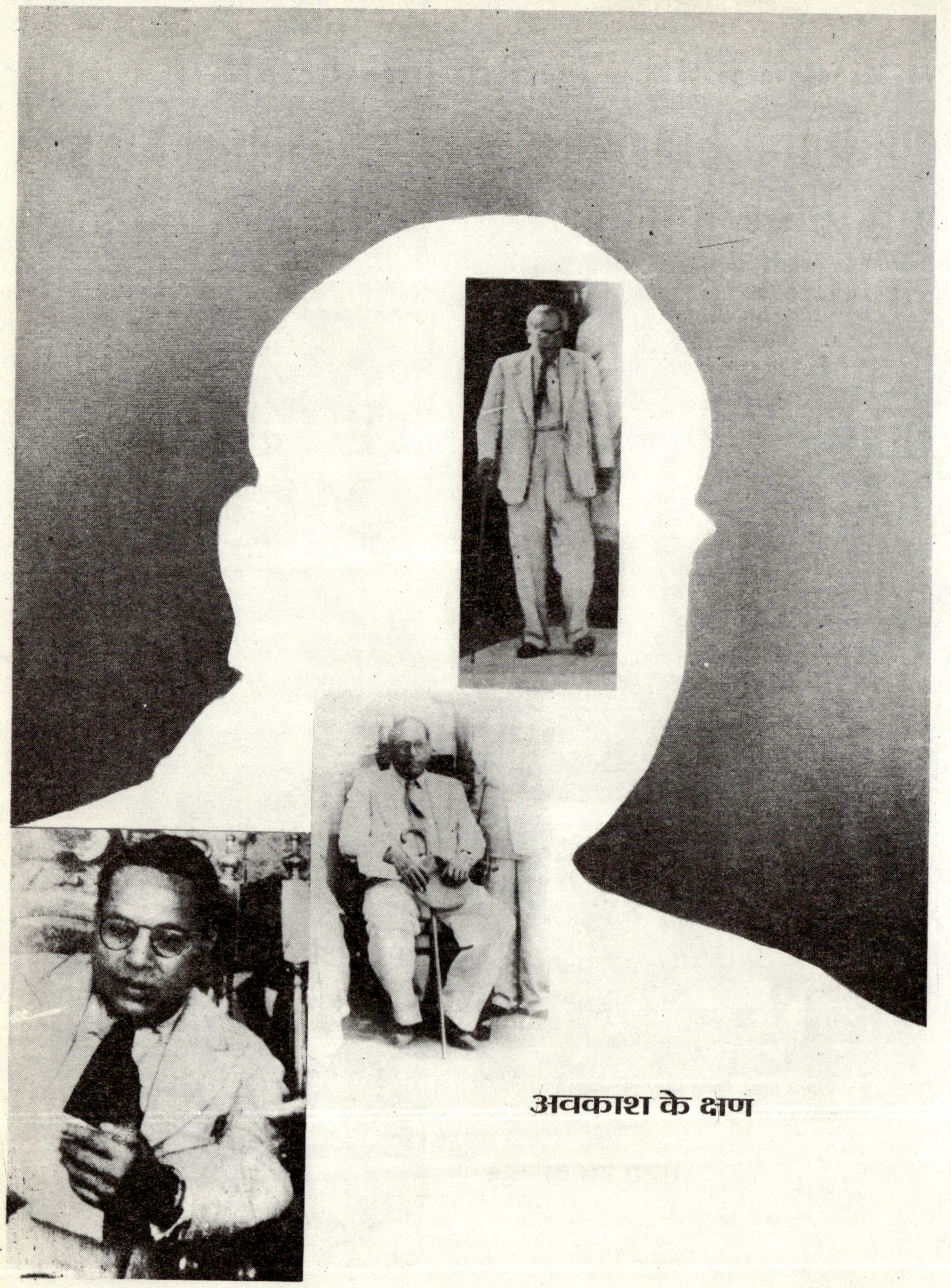

अवकाश के क्षण

जीवंत रेखाचित्र

7 दिसंबर, 1956 मुंबई की दादर चौपाटी में अंतिम यात्रा के मार्मिक क्षण

यात्रा के क्रमिक सोपान

सौम्य व सुदर्शन व्यक्तित्व

मूर्तिकार की कला में

चित्रकार की कलम से

प्रियदर्शी व्यक्तित्व

प्रभावक व्यक्तित्व

स्नेह-सम्मान के दौर में

समता-न्याय के अग्रदूत

उम्र दहलियों पर

कलाकार की आँखें

डॉ. अ[illegible]कर दीक्षा भूमि (नागपुर) में 14.10:1956

पहली धर्मपत्नी श्रीमती रमाबाई आंबेडकर

दूरद्रष्टा

बैरिस्टर डॉ. आंबेडकर—1922

बहु आयामी व्यक्तित्व

पार्टी कार्यकर्ताओं के बीच

रामास्वामी नाईकर के साथ सिद्धार्थ कॉलेज (मुंबई) में (1947)

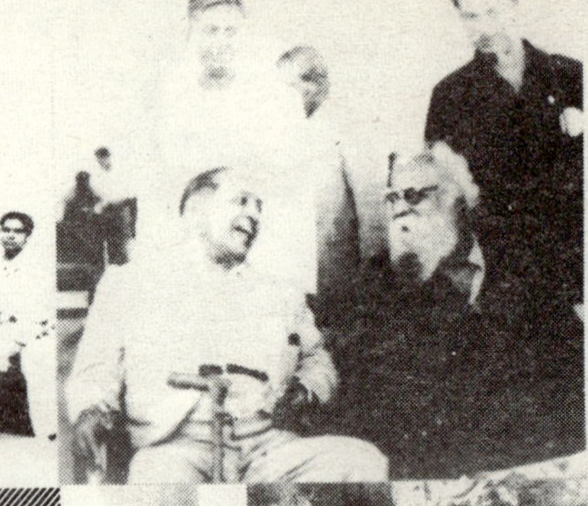

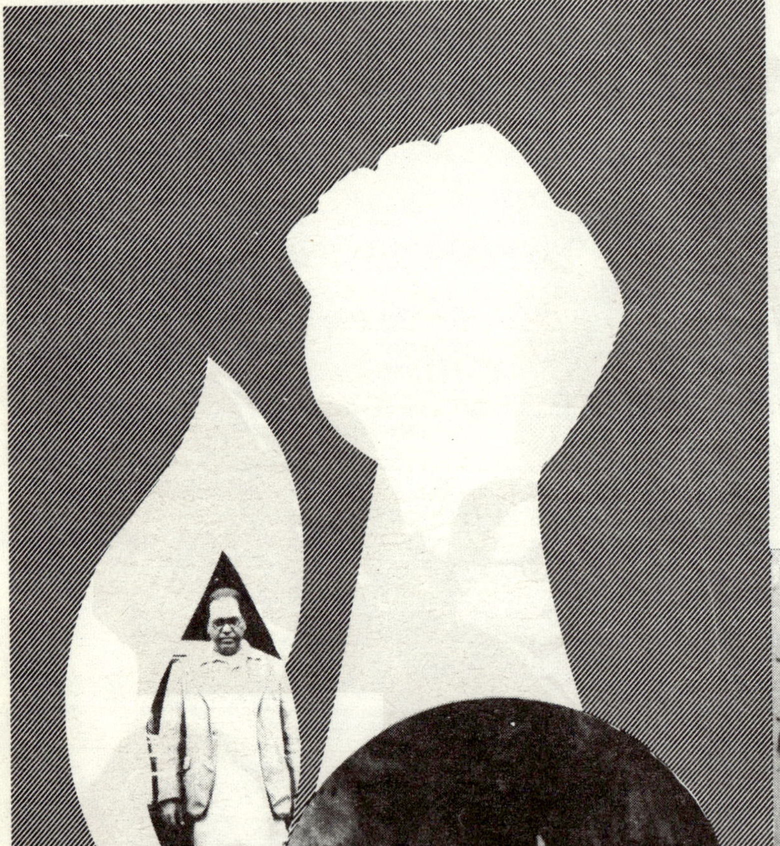

कैलाश गुफा में डॉ. राजेंद्र प्रसाद के साथ (सितंबर 1950)

महिला संघ की ओर से सत्कार। साथ में श्रीमती दोंदे (1942)

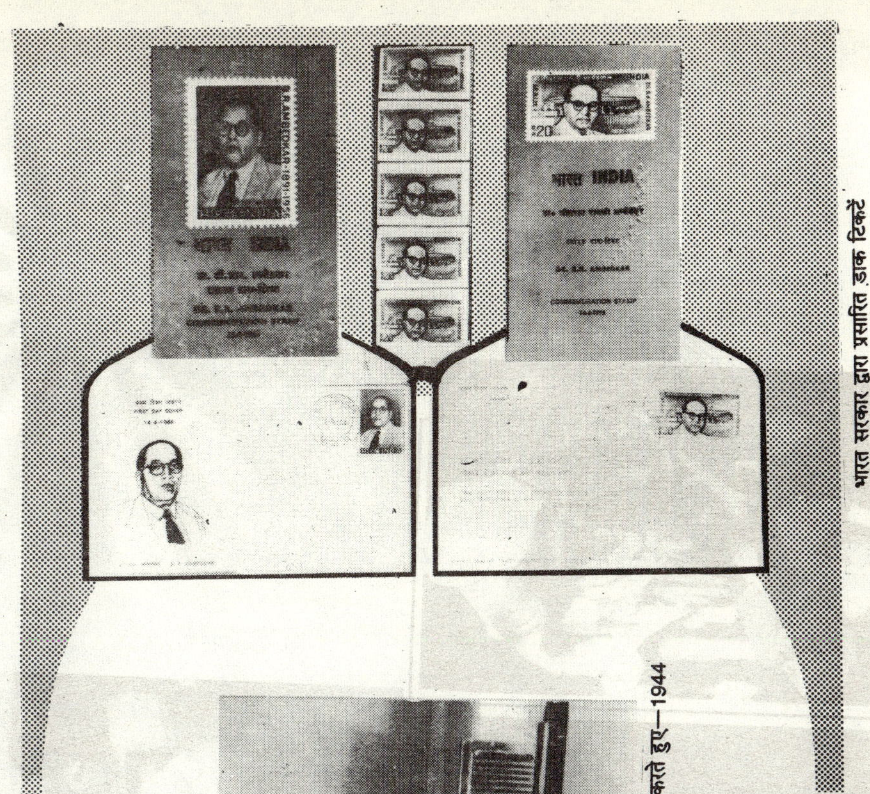

भारत सरकार द्वारा प्रसारित डाक टिकटें

लेबर कमिश्नर्स की सभा को संबोधित करते हुए—1944

वक्तृत्व की दिशाएँ

भविष्य द्रष्टा

महिला कार्यकर्ताओं के बीच

शेड्यूल कास्ट फैडरेशन के अध्यक्ष एन. शिवराज के साथ—1942

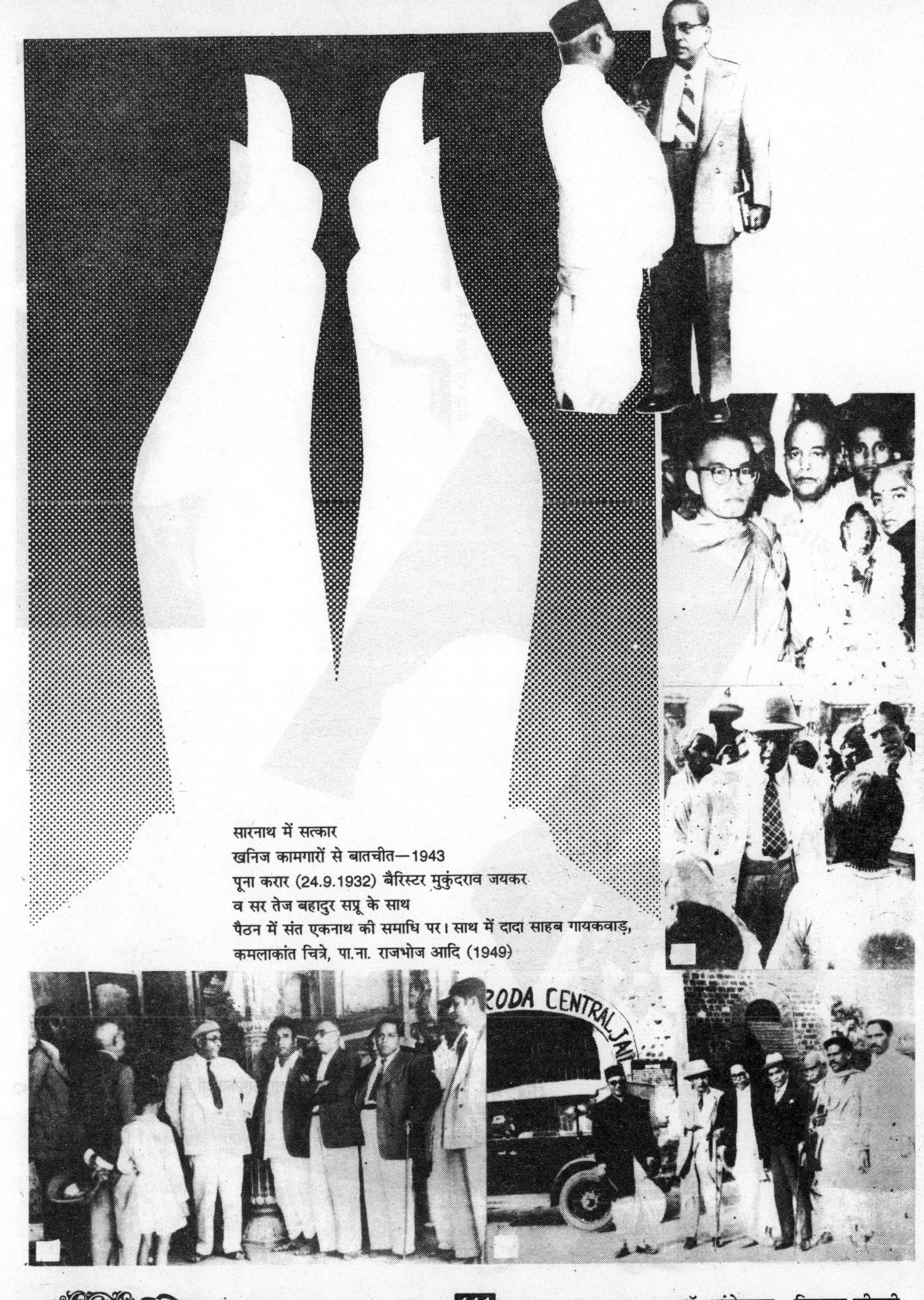

सारनाथ में सत्कार

खनिज कामगारों से बातचीत—1943

पूना करार (24.9.1932) बैरिस्टर मुकुंदराव जयकर व सर तेज बहादुर सप्रू के साथ

पैठन में संत एकनाथ की समाधि पर। साथ में दादा साहब गायकवाड़, कमलाकांत चित्रे, पा.ना. राजभोज आदि (1949)

बौद्ध धर्म दीक्षा लेने के पश्चात् विश्रांति के क्षण 14.10.1956

नारी उत्थान के पुरोधा

महिला कार्यकर्ताओं के बीच डॉ. आंबेडकर—1942

दूसरा विवाह—धर्मपत्नी सविता आंबेडकर के साथ 15.4.1948

ड्राफ्टिंग कमेटी के अध्यक्ष के रूप में संविधान का ड्राफ्ट पढ़ते हुए—1948

मजदूर मंत्री डॉ. आंबेडकर अपने कार्यालय से फोन करते हुए—1944 कोलंबिया यात्रा पर—1.6.1952

कोलंबिया (अमेरिका) की ओर हवाई मार्ग से जाते हुए—1.6.1952

मिलिंद कॉलेज के प्रांगण में इंजीनियर एवं ठेकेदारों के साथ—1949

डॉ. आंबेडकर दीक्षा भूमि पर 22 प्रतिज्ञाएँ देते हुए-
–14.10.1956

धर्मपत्नी के साथ एक स्वागत समारोह में

हर क्षण व्यस्त

हिंदू कोड बिल पर बुद्धिजीवियों से चर्चा—1951

स्वतंत्र भारत के प्रथम राष्ट्रपति डॉ. राजेंद्र प्रसाद को संविधान समर्पित करते हुए 21.2.1948

जिम्मेवारी का अहसास

मिलिंद कॉलेज के प्रांगण में
श्रीमती सविता आंबेडकर के साथ

भाव मुद्रा में

आँख के ऑपरेशन के पश्चात्
श्रीमती सविता आंबेडकर के साथ

गुरुतर दायित्वों का निर्वहन

संत गाडगे महाराज के साथ

पीपुल्स एजुकेशन सोसाइटी के श्री म.वा. दोंदे एवं श्री सी.के. बोले के साथ

राष्ट्रपति डॉ. राजेंद्र प्रसाद कानून मंत्री के रूप में शपथ दिलाते हुए

पार्टी के कार्यकर्ताओं व पदाधिकारियों के बीच

पार्टी के कार्यकर्ताओं व पदाधिकारियों के बीच

संविधान निर्माण समिति के सदस्यों के साथ

सभी के लिए सहज

राय बहादुर श्री सी.के. बोले के साथ

पहले मंत्रिपरिषद् में राष्ट्रपति के साथ (31.1.1950)

डॉ. आंबेडकर सहयोगियों के बीच

मुंबई के रोजगार कार्यालय में सदिच्छा भेंट

महात्मा फुले चित्रपट निर्माण के शुभारंभ अवसर पर रामास्वामी तथा लेखक-निर्देशक आचार्य पी.के. अत्रे के साथ

पूना में मजदूर मंत्री डॉ. आंबेडकर का स्वागत

AMBEDKAR BHAWAN

हर पल आगे-आगे

के.एम. मुंशी व श्री बलदेव सिंह के साथ—1950

जागरण के अग्रदूत

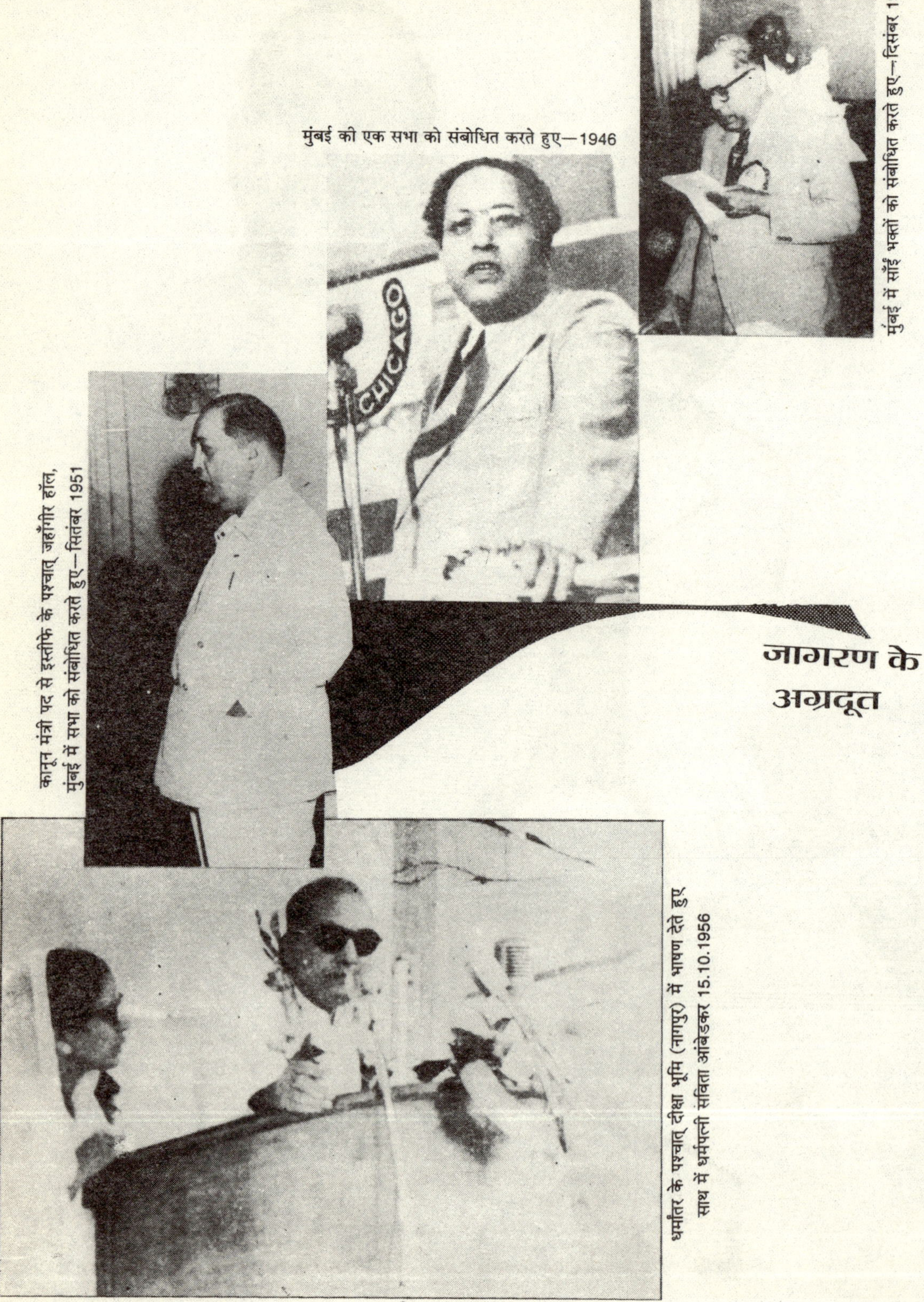

मुंबई की एक सभा को संबोधित करते हुए—1946

मुंबई में साँई भक्तों को संबोधित करते हुए—दिसंबर 1953

कानून मंत्री पद से इस्तीफे के पश्चात् जहाँगीर हॉल, मुंबई में सभा को संबोधित करते हुए—सितंबर 1951

धर्मांतर के पश्चात् दीक्षा भूमि (नागपुर) में भाषण देते हुए साथ में धर्मपत्नी सविता आंबेडकर 15.10.1956

दिल्ली में अपने जन्मोत्सव पर माला पहने हुए—1950

सारनाथ के स्वागत समारोह में डॉ. आंबेडकर 24 नवंबर, 1956

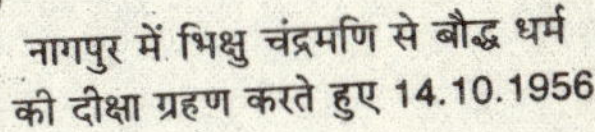

नागपुर में भिक्षु चंद्रमणि से बौद्ध धर्म की दीक्षा ग्रहण करते हुए 14.10.1956

स्वागत समारोह में

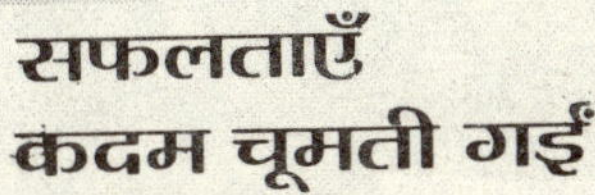

सफलताएँ कदम चूमती गईं

हिंदू कोड बिल की आलोचना सुनते हुए—1951

एक विवाह के अवसर पर रजिस्टर में साक्षी के रूप में हस्ताक्षर करते हुए

निजी वाचनालय में पुस्तक पढ़ते हुए

चिंतन के क्षण

1. सिद्धार्थ कॉलेज के वार्षिक स्नेह सम्मेलन में राय बहादुर बोले के साथ 1951
2. मुंबई में बुद्ध जयंती समारोह को संबोधित करते हुए—1950

महिला कार्यकर्ताओं के बीच

भतीजे मुकुंदराव के साथ

स्वतंत्र भारत के प्रथम विधि मंत्री के रूप में हैदराबाद में भव्य स्वागत

सिद्धार्थ कॉलेज (मुंबई) विद्यार्थियों को संबोधित करते हुए—1951

मुंबई व्ही.टी. रेलवे स्टेशन पर राव साहब बोले एवं श्रीमती सविता आंबेडकर के साथ

आंबेडकर के साथ

आम्बेडकर के साथ।

नागपुर महानगरपालिका द्वारा दिए गए मान-पत्र के अवसर पर अभिप्राय लिखते हुए। साथ में सविताजी आंबेडकर एवं निजी सचिव नानकचंद रट्टू (16.10.1956)

सभामंच पर दादा साहब गायकवाड़ के साथ

महात्मा ज्योतिबा फुले चित्रपट की शूटिंग के अवसर पर। साथ में आचार्य पी.के. अत्रे, भाईजी पेंडालकर और अभिनेत्री सुलोचना। 4 जनवरी, 1954

मंत्रिमंडलीय सहयोगियों के साथ

चरैवेति! चरैवेति! चरैवेति!

सहयोगियों के साथ

दीक्षा भूमि (नागपुर) में संबोधित करते हुए 14.10.1956

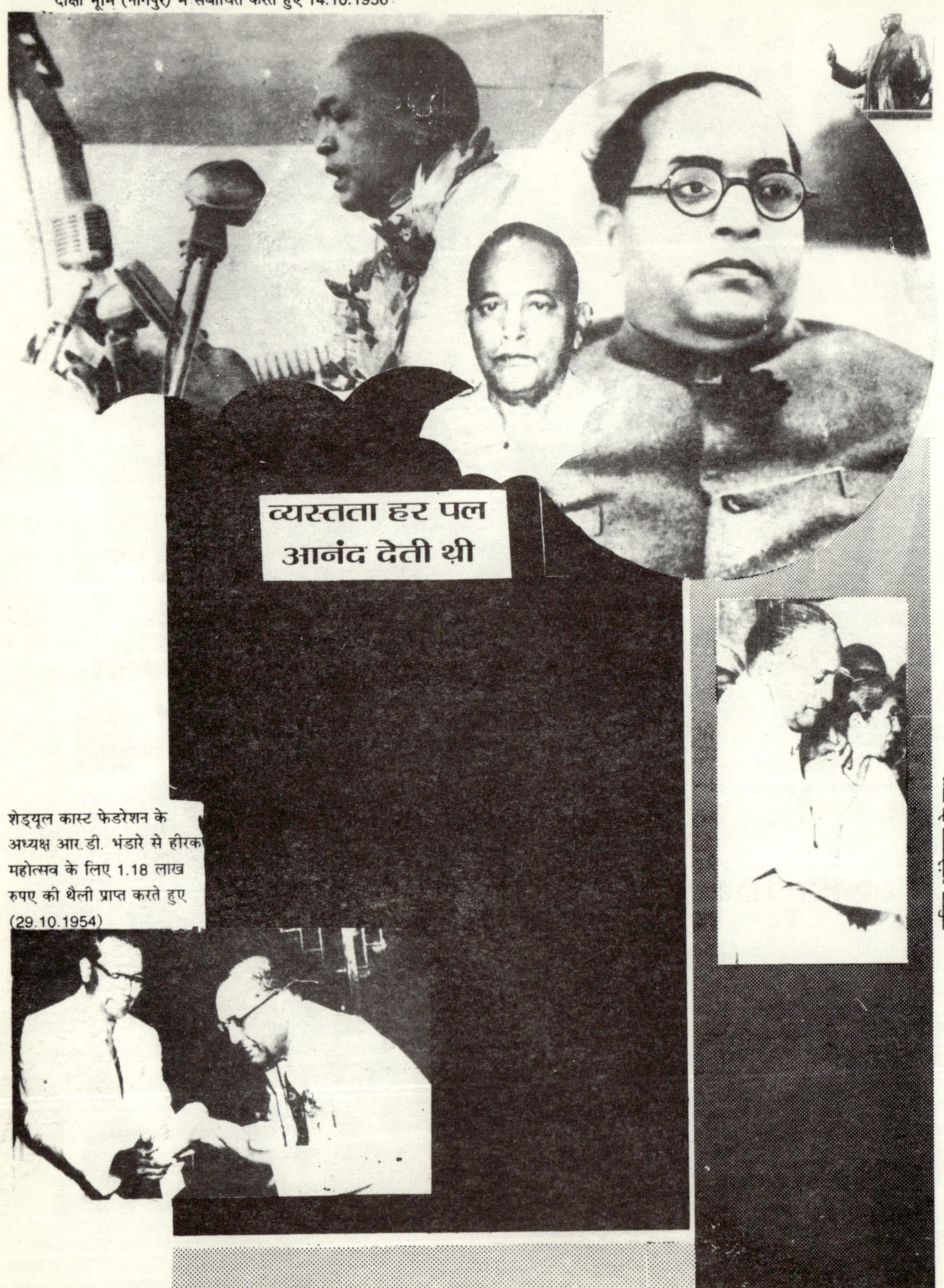

व्यस्तता हर पल आनंद देती थी

शेड्यूल कास्ट फेडरेशन के अध्यक्ष आर.डी. भंडारे से हीरक महोत्सव के लिए 1.18 लाख रुपए की थैली प्राप्त करते हुए (29.10.1954)

सविता आंबेडकर के साथ

W
F
B

दिल्ली के अशोक विहार में द्वीप प्रज्वलित करते हुए, 1955। साथ में धर्मपत्नी सविता आंबेडकर एवं भिक्षु व अन्य कार्यकर्तागण

तथागत के अंक में

बौद्ध धर्म ग्रहण करने के पश्चात् श्रीमती सविता आंबेडकर के साथ—14.10.1956.

बौद्ध धर्म की दीक्षा लेते हुए डॉ. आंबेडकर, सविता आंबेडकर, महाबोधि सोसायटी के सचिव डॉ. बलि सिन्हा व अन्य—14.10.1956

बुद्धं शरणं गच्छामि

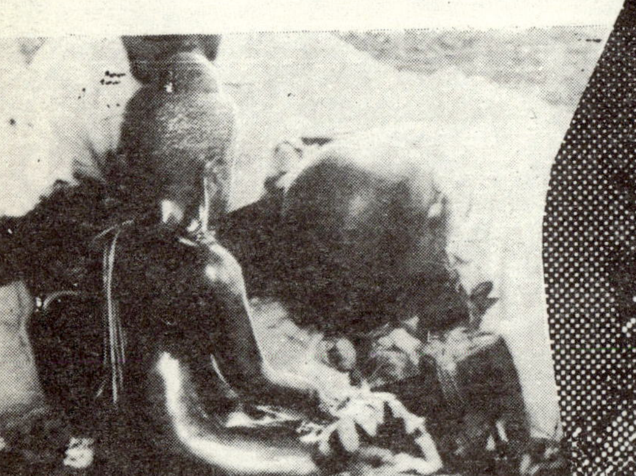

नागपुर दीक्षा भूमि में (14.10.1956 को) बौद्ध धर्म स्वीकार करते हुए।

चैत्य भूमि (मुंबई) का स्मारक।

काठमांडू के वर्ल्ड बुद्धिस्ट सम्मेलन को संबोधित करते हुए, नवंबर 1956

मुंबई की सभा को संबोधित करते हुए

आँख के ऑपरेशन के पश्चात्

नानक चंद रट्टू के साथ नागपुर में होटल श्याम से दीक्षा भूमि में जाते हुए 14.10.1956

डॉ. आंबेडकर निजी सचिव श्री नानक चंद रट्टू के साथ काठमांडू (नेपाल) में 20.11.1956

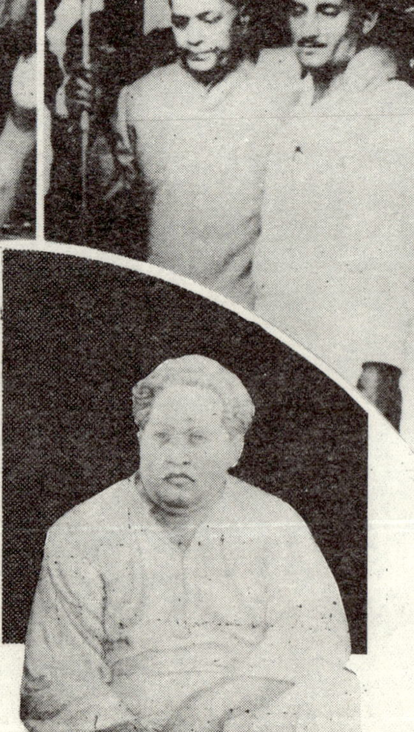

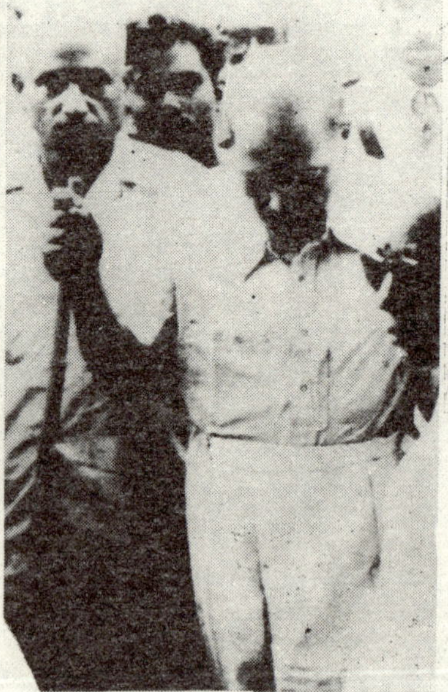

डॉ. आंबेडकर सारनाथ में 24.11.1956

कहाँ से कहाँ तक

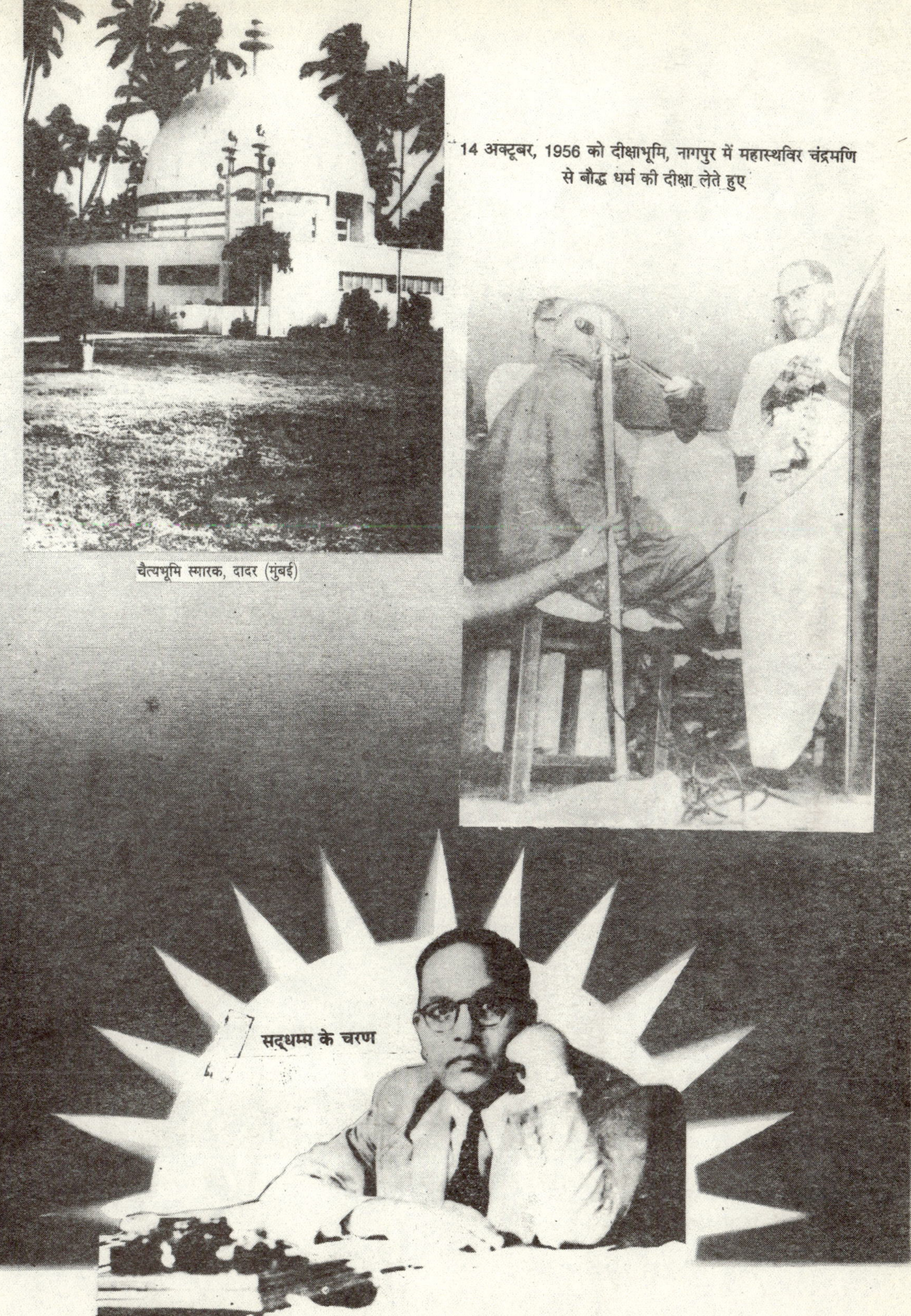

14 अक्टूबर, 1956 को दीक्षाभूमि, नागपुर में महास्थविर चंद्रमणि से बौद्ध धर्म की दीक्षा लेते हुए

चैत्यभूमि स्मारक, दादर (मुंबई)

अशोक विहार दिल्ली में दीप प्रज्वलित करते हुए। साथ में सविता आंबेडकर एवं शंकरानंद शास्त्री—1955

बौद्ध धर्म ग्रहण करने के पश्चात् होटल श्याम (नागपुर) में विश्राम करते हुए 14.10.1956

प्राध्यापक डॉ. आंबेडकर—1918

अविरत लक्ष्य की ओर

धर्म परिवर्तन के पश्चात् डॉ. आंबेडकर और शंकरानंद शास्त्री 14.10.1956

डॉ. आंबेडकर का महापरिनिर्वाण 6.12.1956 दिल्ली

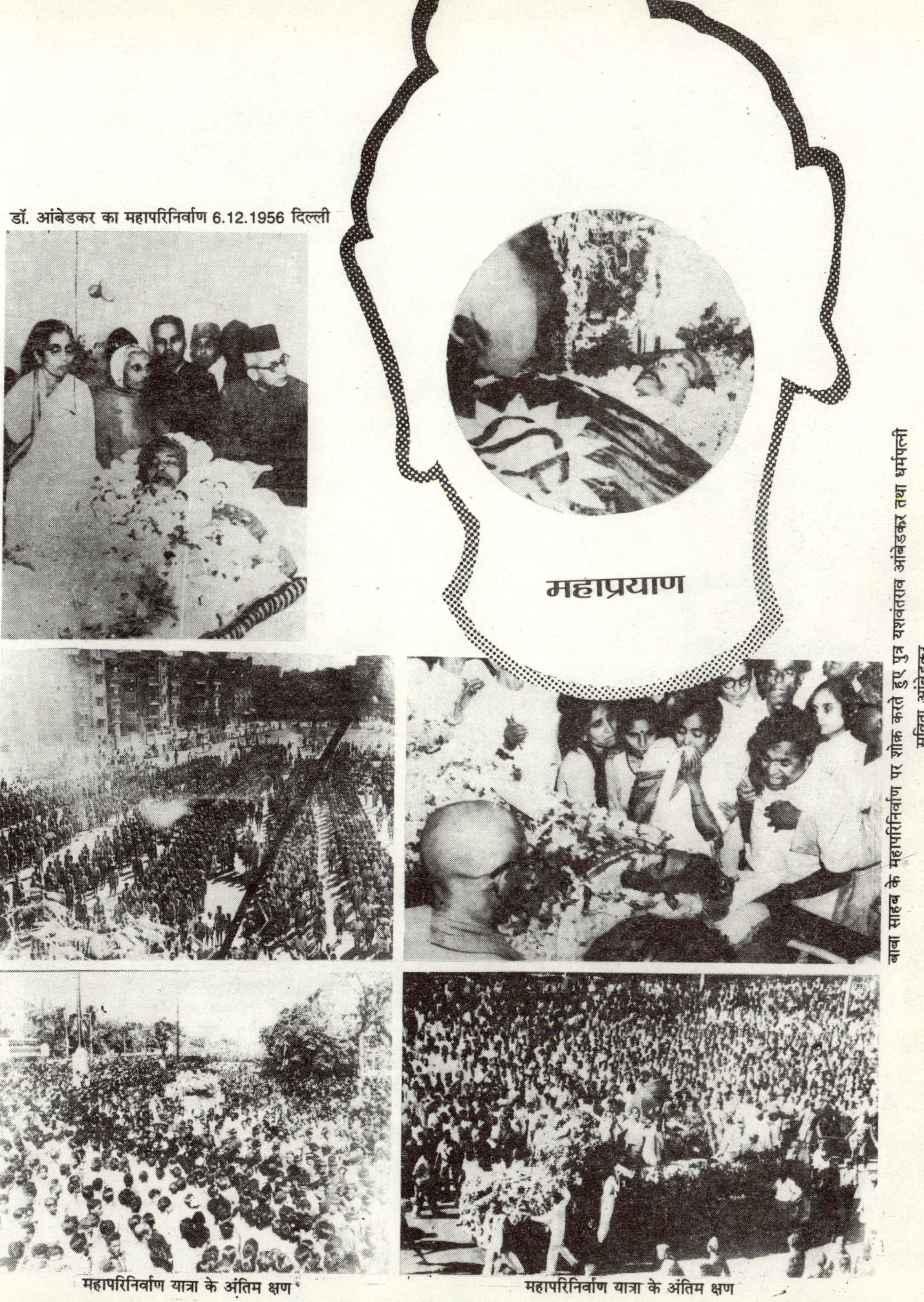

महाप्रयाण

बाबा साहब के महापरिनिर्वाण पर शोक करते हुए पुत्र यशवंतराव आंबेडकर तथा धर्मपत्नी सविता आंबेडकर

महापरिनिर्वाण यात्रा के अंतिम क्षण

महापरिनिर्वाण यात्रा के अंतिम क्षण

तथागत की
शीतल-शरण में